実践 医療現場の行動経済学

すれ違いの解消法

大竹文雄・平井啓［編著］

東洋経済新報社

はじめに

インフォームド・コンセントが重視されている医療現場で、情報さえ与えれば患者は合理的な意思決定ができる、と考えられているのではないか。情報提供の仕方で、患者の意思決定は大きく変わるという行動経済学の知見を提供したい。そのような動機で、平井啓さんと一緒に、2015年から医療者・心理学者・行動経済学者等、この分野の関連研究者や現場の医師等と医療行動経済学研究会を始めた。研究会での研究成果は、大竹文雄・平井啓編著『医療現場の行動経済学：すれ違う医者と患者』（東洋経済新報社）として、2018年8月に出版された。

『医療現場の行動経済学』は、幸いにも医療関係者から大きな注目を浴びることができた。2021年8月時点で、7刷になり、累計発行部数は2万2000部というベストセラーになった。韓国語版が2020年4月に、台湾で繁体字版が2021年2月に翻訳出版され、日本の医療関係者だけでなく、韓国や台湾の医療関係者にも関心を持っていただけた。

この本の出版後、医学系学会、各地の医師会、看護協会等から本に関する講演依頼を数多く受けた。講演では、様々な感想や質問を頂いた。共通していた嬉しい感想は、「今までもやもやしていたことがクリアになった」「臨床で起こっていたことが言語化できた」「患者さんの発言を行動経済学的に理解できるようになって、イライラしなくなった」というものだった。多種多様な医療現場での医師と患者のすれ違いも、行動経済学を知ることで、論理的に整理できるようになって、その解決にも貢献できたということだ。

一方で、「メカニズムは理解できたが、自分の現場でどのように使ったらいいか分からない」という感想も頂いた。行動経済学の現場での応用として、選択の自由を確保しながらより良い選択をするための選択肢や表現方法の工夫（ナッジ）をどうするかについて『医療現場の行動経済学』でも説明はしたが、具体的な応用の仕方をもっと豊富にする必要性を感じた。理論的には、いくつかのナッジが効果的だと考えられるところまで、行動経済学的に予想はできるが、実際にどのナッジが効果的かは試行してみないと分からないことが多い。各現場で、全て試行することは難しいので、様々な実践例を共有していくことが重要だ。

質問で多かったのは、「ナッジを使うと患者を誘導することになるのではないか？」というものだ。インフォームド・コンセント以前の医療の世界では、医療者の意思決定は最善で、患者は医療者の言うことに従うべきだ、という考え方が主流だった。インフォームド・コンセントでは、逆に、医療者は情報提供さえすればよく、意思決定を行うのは患者である、という考え方が広まっているように感じられる。そこからすれば、ナッジによって選択肢の工夫や分かりやすくすることとは、患者を誘導することになる、という心配が出てくる。患者が正確に医療情報を理解していて、熟考した結果、治療法を選択していたのであれば、ナッジによって誘導して、治療法の選択を変えるというのは問題である。行動経済学を応用して、社会的にも、本人にとっても望ましくない選択を促進させるというのは、ナッジではなく、スラッジと呼ばれている。しかし、問題の前提は、患者が情報をうまく整理して理解できていないので、本人にとって望ましくない選択をしてしまっているという状況にある。どちらも同じような治療効果がある治療法の際に、保険点数が高い治療法を選ぶように誘導するのは、明らかにスラッジである。しかし、医療に関する情報が複雑で分かりにくい、あるいは、行動経済学的なバイアスで、医学的に必ずしも望ましくない治療法を選択するという場合に、医学的により良い治療法を選びやすいようなナッジを用いることはインフォームド・コンセントの考え方と矛盾しないのではないか。

いずれにしても、講演会で受けた質問の多くは、行動経済学の適用に関することが多かった印象がある。行動経済学の適用は、「一つの処方であらゆる疾患を治すことができる」というものではなく、現場や課題に応じてその解決の仕方を導くための共通言語のようなものである。それは、医療者・患者が、望ましい意思決定ができないボトルネックとなっている点は、対象となっている問題の状況や時期等によって異なってくるからである。そのため、行動経済学の利用は、多数の事例を通して学ぶことが必要である。

そこで、『実践 医療現場の行動経済学』では、臨床現場、公衆衛生の現場で実際にどのように行動経済学を利用しているかについてできるだけ多くの事例を紹介し、少しでも読者の現場で利用できるアイデアを見つけてもらうために本書を執筆・編集した。

本書のもとになった研究は日本学術振興会から研究助成を得ている（科研費20H05632）。共編著者の平井啓さんと医療行動経済学に関する研究会を続けてきたことが、この実践編につながった。研究会の事務と執筆者への連絡をしてくださった小土井奈津紀さん、そして、今回もすばらしい編集をしてくださった矢作知子さんにお礼を申し上げる。

大竹文雄

目次

第14章 メンタルヘルスケア受診・受療行動促進のためのナッジ 243

第1部

「行動経済学を使う」とは

第1章

巻頭インタビュー
『医療現場の行動経済学』は、臨床医にとって本当に役立つのか？

2018年に刊行された『医療現場の行動経済学：すれ違う医者と患者』は医療現場に何をもたらしたのか？『医療現場の行動経済学』では第4章「どうすればがん治療で適切な意思決定支援ができるのか」でタッグを組んだ二人が、聞き手と語り手にわかれ、臨床医が現場で行動経済学をどう活かしているのかを明らかにしてみた。

聞き手＝吉田沙蘭：公認心理師・臨床心理士。国立がん研究センターにて、心理職として臨床・研究に従事。現在は東北大学大学院教育学研究科にて、心理職の育成に携わる。
話し手＝堀謙輔：卒後28年。関西労災病院（兵庫県尼崎市にある国指定の地域がん診療連携拠点病院）に勤務する産婦人科医。婦人科腫瘍専門医として婦人科がん治療に携わる。緩和ケアセンター長として緩和ケアチームのリーダーでもある。緩和医療認定医。

行動経済学のどこに関心をひかれたのですか？

吉田（Y）：先生は最初、行動経済学のどこに関心をひかれたのですか。

堀（H）：私は自分が患者さんに何かを説明して同意を取るということに関しては、そこまで困難さを強くは感じていませんでした。自分の説明に自信があって、方針を説明したら9割は、同意を取れていました。でも、「たまにやっぱり変な人、いるよね」ぐらいに思っていました。どちらかというと患者さんが悪いと思っていましたね。今から考えると、すごく尊大な考え方で、あの時は間違っていたなと思います。

一方で、周りの自分の部下や後輩が、「説明してもうまくいかない」と聞くと、不思議に思っていても、（その原因と改善策を）うまく言語化して説明できる材料がなかった。もともと本人が持っているコミュニケーション能力というのは、そんな簡単に鍛えられるものではなく、教えられるものでもないと思っていました。

そのような時に知り合った平井（啓）先生（本書の編著者の一人）に、きれいな分かりやすい形で、人との交渉の仕方や行動経済学を言語化・図式化して出していただいた。

Y：それでは、堀先生自身が患者さんとのやりとりの中でうまくいかないなと思っていらっしゃったというよりは、他の医療者の相談に乗るような場面で、感覚や経験以外のところで説明したり指導したりすることに難しさがあるなと感じていたということですかね。それを説明する術があることに気づかれた。

H：うまくいっている患者さんは、私の力でできていて、うまくいっていないのは、相手が変わっているからという考え方の思考をしていました。**私がきちっと言語化された手法を会得していないがゆえの漏れ落ちが発生していることに初めて気づかされました。**

行動経済学を学ぶことでどのような変化が見られましたか？

Y：**行動経済学を学ぶことで、先生ご自身の患者さんへの関わりに変化が見られたようなことというのはありますか。**

H：今までは、患者さんが、バイアスを持って直感で反応するということが理解できていなかったので、強引に患者さんの反応を修正しようとして、話をかぶせてしまう。まるで力技で納得させて、言いくるめるような説明をしていました。闘争モードだったのですね。
行動経済学を知ってからは、**患者さんがそう考えるのも無理もないということが理解できて、あんまり腹が立たなくなりました。**

Ｙ：なるほど。その闘争モードだった時も、結果的には推奨される治療を選ぶ人が多かったのだけれども、その選び方とか、後々の患者さん側のそれに対する印象とかが変わっている。結果が変わっているというよりかは、その過程が変わっているような感じでしょうか。

Ｈ：そうですね。結果的に選んだものが、納得して選んでいるかどうかって結構大きいと思います。**同じ選択肢を選んだとしても、本人が「この先生は私の話をしっかり聞いてくれて、私自身が考えてこの選択肢を選んだ」と感じているのと、「よく分からないけれど、責め立てられたから、選んでしまった」というのでは、全然違うと思います。**

Ｙ：なるほど、確かに選択の過程というのは、後々の医師と患者の関係にも影響しそうですし、重要ですね。ちなみに、先生の闘争スイッチが入る患者さん側の反応って、例えばどのようなものだったか、何か具体的に、もし思い出されることがあれば教えていただきたいです。

H：抗がん剤治療をした時に、「毛が抜けますよね」や「吐き気がしますよね」というネガティブな情報を友達から聞きましたと言われた時には、「そんなことは友達が言っていることだから、全てがあなたに起こるわけじゃないから」と、相手の言葉をさえぎって、かぶせるように言っていました ね。

言っていることはそんなに大きくは変わらないのでしょうけど、多分、間がすごく短かったと思うし、確かに僕は怒っていました。

Y：**利用可能性ヒューリスティック**（1）ですね。

H：「（この患者も）また同じような話をしているな」と思っていました。患者さんにも、「ちゃんと聞いてもらっている」という印象を与えられてはいなかったと思います。

今は、ゆっくり間を持ってから、穏やかな感じでしゃべれているので。

これってバイアスだなって思うことはありますか？

Y：なるほど。他に、行動経済学の勉強を始めてから臨床をされるにあたって、ああこれってあのバイアスだな、というように思うことはありますか。

H：現在バイアス[2]は結構ありますよね。もちろん緊急時はそんなことを言っていられませんが、比較的、意思決定を待てるとしても、がんの手術や抗がん剤を受けることに対して、そんなに間を空けるっていうのは良くないことですよね。

だから、意思決定を**先延ばし**[3]にしようとする人はとっても困りますね。特に、「今、この仕事があるから」や「家族の介護が」という先延ばしの理由があったりしたら。

行動経済学を学ぶようになり、**治療の話よりも、まず、日々の生活、生活者としての、相手の背景の話を丁寧に聞くようになりました。**

先延ばししようとするのは無理もないのだなと思えるようになり、あまり腹が立たなくなったので、余裕を持って、もうちょっと周りのことも聞いてみようという気持ちで聞いていくと、患者さんは、病気以外にいろんな問題を抱えているというのが分かって、一緒に考えようという気持ちになる。

（1）利用可能性ヒューリスティック：遠い過去や目立った特徴のない情報を忘れるか無視し、想像が容易な事象の確率を過大評価してしまう。34ページ参照。
（2）現在バイアス：33ページ参照。
（3）先延ばし：33ページ参照。

すでに、患者さんには「がん」っていうことは伝えてあるので、待ったからといっても、二カ月も三カ月も先延ばしにすることはないはずです。だから、そこで、あまり急がないというのは、心掛けるようになりましたね。

Y：面白いですね。**これまでは急かすような感じだったのですね。**

H：そうですね。宿題しない子どもに、親が毎日、「宿題しろ」と言っているのと一緒ですよ。

患者さんの意思決定は結果的にどうですか？

Y：その頃と比較して、**今そうやって先延ばしにするのもしようがないという事情も聞きながら、その先延ばしの原因になっている事情に対してアプローチしながら関わっているということだと**思うのですけれど、結果的に意思決定自体は、前の急かすような関わりをしていた時と比べてどうですか？

H：漏れ落ちる人が減りました。やっぱり急かすことをすると、逃げ出す人っていうのは絶対出てくるので。

Y:なるほど。逃げる人がいるのですね。

H:いました。僕が周りを見ていないので、治療の意思決定ばかり攻めていくから、もう逃げるしかなくなるわけです。民間療法に走っちゃうというような形になっている人が少なくなかったですね。**今は、ちゃんと手当てができているので、治療の継続性も良くなりますよね。**あまり手当てせずに、無理やり意思決定をさせてしまうと、結局、介護問題や仕事や家の経済状況がノーケアになってしまう。

Y:なるほど、そうやって急かさないことで**漏れ落ちる人が減ったりとか、実際始めた治療がちゃんと継続できるようになったりするっていうことと、急かさなくても、必要な決定ではあるから、それなりに適切なタイミングで意思決定自体はできている。急かさなくても、延びすぎになってしまうということは起きていないということなんですね。**利用可能性ヒューリスティックス、現在バイアス、先延ばしについて教えていただきましたが、他にも何か、ああ、これは行動経済学でいうところのあれだな、と実感されることはありますか?

H：**損失回避**[4]は、結構、ありますね。積極的治療をなかなかやめてくれないとか。

私は**治療の早い段階でフリを利かせる**ようにはしています。例えば**「今は、治療をやっていいと思うし、まあ、次ぐらいの治療とかは、まだ手はあるけども、もしかすると、どんどんやっていくたびにつらくなってきて、タオルを投げないといけないような時期も来ると思うよ」**というのは伝えています。

Y：それは、もともと心掛けていらっしゃったということですか。

H：そうですね。ただ、それが、**多分、損失回避によるバイアスを取り除くための作業**だったのかなというふうに今は思っています。

Y：例えば、うまくいかなくて困っている他のお医者さんや後輩に、「前もって少しずつ話をしていくというのは、これこれこういう理由で、後々役立つよ」というような裏付けというか、言語化して理解するというところにつながっている感じですか。

H：そうですね。僕は、単に自分で前もってフリを利かしておくぐらいにしか言語化できなかったので、ちょっと理屈としては緩かったのですけど、行動経済学っていうところで、損失回避とか参照点の話というのを聞いた時に、**フリを利かせるというのは、損失回避のバイアスを防ぐための、参照点**(5)**の移動への準備であると**、理解できるようになりましたね。

専門家集団は、結構、後知恵バイアスが強い

Y：先生ご自身の臨床でも、他の先生の場面でも構わないですが、それ以外に何か行動経済学が当てはまるなということはありますか。

H：**後知恵バイアス**(6)**が結構、専門家集団って強い**ですよね。純粋なデータで見なくて、自分の経験で、この間、こんなことがあったからこうしようとか、そういう対応をしている人が多いなとい

(4) 損失回避：大竹文雄・平井啓編著『医療現場の行動経済学：すれ違う医者と患者』東洋経済新報社、2018、18ページ参照。
(5) 参照点：人は参照点からの利得や損失をもとにして価値を感じると行動経済学では考えられている。『医療現場の行動経済学』78ページ参照。
(6) 後知恵バイアス：物事が起きてから、それが予測可能だったと考え、当時の選択基準を現在の選択基準で引き上げてしまう。『医療現場の行動経済学』161ページ参照。

うのが。恐らく**経験を活かして学習するということは、大事なことの一つではあるのですけど、あんまりそれに引っ張られすぎて、しなくていいようなことまでしてしまう、「羹《あつもの》に懲りて、膾《なます》を吹く」**というのが。

Y：なるほど、そうなんですね。何か具体的な例などはありますか？

H：例えば、おなかに手術の後、ドレーンといって管を入れるんですけど、その管を入れるのって、おなかの中で出血が出てきたらドレーン越しに血が出てくるんで、「ああ、おなかの中、血が出ていますね」というのが分かるものなのです。これをインフォメーションドレーンというんですけど、このインフォメーションドレーンを立てるか、立てないかというのは、すごく後知恵バイアスの塊みたいなところがあります。医学的根拠の上では、このような目的でドレーンを立てるというのは、あんまり推奨されていない。

やっぱりおなかの中と外をつなげるというのは、あんまりいいことではないので、清潔下に手術をして皮膚を閉じてしまったら、あとは、基本的に感染が起こっていない限りにおいては、おなかの中と、外をつなげるなんてことはしない方がいい。

でも、ある時期に、例えば出血があって、あるいは感染で膿がたまって、再手術になったという症例が続いたりすると、ドレーンを立てる。しばらく経過して、何もない時期が続いたら、やはり医学的根拠があるから、ドレーンを立てるのをやめましょうとなる。

これって、いわゆる**平均回帰**(7)なんですよね。だから、ある時期、例えば、出血が多い時期が続いたり、で、また出血が少ない時期が続いたりして、全体をおしなべて俯瞰すると、術後出血を経験するリスクが、あらかじめインフォメーションドレーンを立てておくほどのリスクではないことが分かります。

あとは、術後感染で、体の中に膿がたまってしまうのが多かったり、少なかったり、波があるんですが、全体の傾向をデータとして見るのではなく、その波にいちいち反応してしまうというのは結構ありますね。確率的に生じているだけなのに、ドレーンを立てなかったから膿がたまって再手術になったと因果関係があるように感じてしまうのです。

Y：そうなんですね。そうやって医学的根拠があることであっても、それを、後知恵バイアスが上回ってくるということも起こってくるんですね。

H：一回ひどい目に遭うと、やはり患者さんの命がかかっているわけで、一つ一つのことになんと

(7) 平均回帰：ランダムな要因で数字が変動している場合、観察する期間が長くなれば、極端な数字よりも平均に近くなる確率が高いという統計的な性質のこと。

か対応しようという気持ちになるのは無理からぬことなのですが。

チームとして関わっていると、全体として同じような傾向が出てくる

Y：やはり同じ症例にそのチームとして関わっているから、医師や看護師などのそれぞれが独立した専門職であっても、全体として同じような傾向が出てくることが多いのでしょうか。

H：そうですよね。むしろ、**余計に確証バイアス**[8]**が発生する**でしょうね。

Y：それはありそうな感じがしますね。

H：だから、一般の方からすると、「みんなで意見を交わせばいいじゃないか」と思われるかもしれないですけれど、**お互いにそれぞれが、お互いの似通った持論を補強し合って、ろくでもない方向にいくときもあるので、やはり全然違う職種の人や考えの違う人をチームに入れた方がいい**と思います。**確証バイアスを防ぐ方法としては、時々、反論というカウンタートラクション**[9]**をかけてあげることによって、バイアスの存在に気づくということも大事だと思います。**誰かがそう

いう役割をしておかないといけないとは思うようになりましたね。

Y：面白いですね、それは。

H：いわゆるご意見番っていうやつですね。

Y：その後知恵バイアスのようなものに陥らないというのは、ご自身の臨床の中でも、結構意図的に心掛けていらっしゃいますか？

H：常に「これでいいのか」というのは、絶えず自問自答するようにはしていますが、自分の中ですることって、甘くなりますよね。他の人より多少は心掛けているかもしれませんが。

Y：なるほど。**バイアスに自分で気づくというのは、すごく難しいですからね、実際。**

（8）確証バイアス：自分の意思決定が正しかったと確証するような情報だけを収集し、反証となる情報はすぐ忘れるか無視する。
（9）カウンタートラクション：手術で助手が、術者とは反対方向に組織を牽引《けんいん》して、剥離や切開の操作をしやすくすること。

そういう意味でも、お互いにモニターし合うというか、さっきのご意見番みたいな、そういう関係性を築くことができれば、ストップをかけることもできるという感じですね。

H：そうですね。だから、**集団の中で、話し合いをする場合に、一風変わった意見や視点を持っている人を必ず入れておくということは、そして、そういう人を大事にするというのは、チームの在り方として重要である**と思いますね。

意図的にナッジを使っているようなことはありますか？

Y：普段の臨床の中で、何か意図的にナッジ[10]を使っているようなことというのはありますか。

H：**デフォルト**[11]、「おすすめ」は、言うようにしています。

専門職として、全く自身の価値観を挟み込まずに、データだけを示して、「松・竹・梅どれにしますか？」と問いかける、いわゆるインフォームド・チョイスは良くないというのは、普段から思っていました。それが平井先生たちとお話しするようになって言語化できたと思います。

今までは、何かこうあいまいな気持ちで言っていたのですけど、**専門家として、自分たちの推**

奨を言葉にして言うべきという信念を持つようになりましたね。

Y：なるほど。どうですか、その辺りのデフォルトやおすすめというのを明示するようになって、患者さんの反応というのは。

H：患者さんは安心感を持たれるとは思いますね。また、自信を持って推奨っていうのは言っても、別の方法を選ぶ人もいますけど、そうだとしても、**「あくまでも僕の推奨であって、あなたが絶対選ぶべきって言っているわけではないので、あなたが選んだことに対して、僕は一生懸命させてもらいます」**というふうに捉えて、**言葉にして言っています。**

Y：そのような工夫もされているのですね。「おすすめ」を明示することによって、患者さんがデフォルトに誘導されるというようなことは生じないですか？

（10）ナッジ：「選択の余地を残しながらも、より良い方向に誘導する」という立場。軽く肘でつつくという意味。第2章参照。

（11）デフォルト：コンピューターで、あらかじめ設定されている標準の状態。初期値。初期設定。37ページ参照。

H：たしかに、専門家として、「おすすめ」というデフォルトを提示することは、いわゆる、ナッジの手法の一つになると思いますが、この「おすすめ」を作り上げていく過程でも、患者さんの持つ、病気以外の、特に生活上の、価値観にも触れて、一緒に作り上げていく姿勢が重要だと思います。特に、近年、がん治療の領域では、遺伝子診断や、分子標的治療などの進歩が目まぐるしく、専門家といえども、膨大なデータやエビデンスの前で、容易に「これが、あなたの標準的な治療です」と明言しづらくなっています。だから、データだけを患者さんや家族だけに丸投げして、考えさせることは、無謀ともいえます。医療者と患者さんが一緒に考えて、その人にとっての「おすすめ」を作っていくという姿勢が大切だといわれています。さらに、そうやって、作り上げた「おすすめ」であっても、最終的には患者さんが意思決定を行うという自由は、必ず、担保されるんだと思います。それが、「あなたの選んだことに対して、一生懸命します」という誓いの言葉であって、話の最後に、必ず、言うべきだと思っています。

行動経済学を臨床に活かすことが困難なところは？

Y：なるほど、「おすすめ」を提案する前に患者さん個人の事情を加味するということと、それが強制ではないこと、患者さんの選択を支持すると保障をすること、など、様々な工夫あっての「おすすめ」なのですね。ここまで行動経済学がどのように役立っているか、ということについて伺ってきましたが、一方で、勉強はしているんだけれど、ここの部分については、なかなか実際の臨床に活かすのは難しいなと思われることがあれば、それも教えていただきたいなと思うのですが、いかがでしょうか。

H：フレーミング[12]に難しさを感じています。事前にその人がどういう傾向の人かが分かっていればいいのですけれど。

このパターンの患者さんはこんな感じだから、こういうフレームで説明した方がいいんじゃないかという言い方をできないでいます。そこまでの理解がまだない。

簡単に言うと、ビビり（怖がり）の人とそうでない人っていうことがありますよね。がんと疑われている初診時の患者さんでも、「がんって、めっちゃ怖い」と言う人もいれば、「がんになったけど頑張って闘うぞ」という気持ちで来ている人もいるじゃないですか。それぐらい分かりやすかったら、簡単に見分けることができるのですけど、分かりにくい場合もあるので、ちょっとビビら

(12) フレーミング：行動経済学において、フレームあるいはフレーミングという言葉は、複数の意味で用いられており、混同されやすい。ここでは、利得フレーム、損失フレームの使い分けを指している。79ページ参照。

せすぎちゃったなとか。
それを修正するのに苦労するときがあるんですよね。相手の恐怖心や心配、不安を修正しにかかると、大変なんですよね。それで、不本意ながら、「大丈夫」を連発しないといけないので。

Y：一回、極端に怖がる方向に振れてしまった場合ということですね。話が終わってから、ああ、この人は、あっちのパターンだったのかという感じですかね。

H：そうですね。

フレーミングを意識しながら話したいのは、どんな場面ですか？

Y：なるほど。うまく使えるとしたら、こういう場面では、**そういうフレーミングを意識しながら話ができたらいいなと思うのは、どんな場面が多いですか。**

H：治療を受ける・受けない、手術を受ける・受けない、抗がん剤を受ける・受けないというところの意思決定というのは、特に影響があると思いますね。

がん治療では、特に初回の治療が大事なので、そのときに、あまりビビりすぎていて、全力でできないというのは、ちょっと困りますよね。

Y：怖くなってしまったために有益な治療を受けられないという、もったいない状況になってしまうるんですね。

H：例えば、人工肛門（ストーマ）は絶対嫌だから、手術は受けませんと言う人がいます。人工肛門になる確率が１％でもあったら嫌とかいう話になってしまうのは、数字だけで話をしてしまうからそんなことになるので。私がそのような患者さんに伝えることは、人工肛門になることを恐れるあまりに、肝心の手術が不十分に終わってしまうことを避けたい、すなわち「がんを残さず、あなたの体から取り切ってやろう」という心意気で手術に臨みたいということなのです。

Y：それは、他の先生とかにも、そういうことが起こったときには、アドバイスされているのでしょうか。

H：そうですね。

Y：そういう医学的に明らかに推奨する治療方針があるときというのが、やっぱりできればフレーミングをうまく使えるようになるといいなと思われるような場面だという感じなんですね。

H：そうですね。手術の合併症として、人工肛門の話をしても、腸を切除して吻合したときに縫合不全が起こる確率は2〜3％で、それを回避するために、まれに一時的に人工肛門になることはありますというふうに説明しただけで、さらっと、「はいはい」って言う人もいますけど、中には、そこに引っ掛かる人はいるんですね。相手の顔つきを見て、最初に「人工肛門の話なんだけど」って言っただけで、顔が曇った人やため息つく人には、話し方を変えないといけないなというのはありますね。

そこで、僕は、浪花節ですけど、**「たとえあなたが人工肛門になるとしても、がんを全部取り切るんだという強い気持ちを持って手術に臨みたい」という利得フレームで話をしています。**

人工肛門は何％って言ったら、これは完全に損失フレームなんですね。合併症というのは、損失フレームなので、損失フレームのパーセントを説明されても、患者さんは困ってしまうのです。じゃあ、それで、一方、**人工肛門にならないというのが利得なのかといったら、別に利得でも何でもない**ですよね。

がんが治る・治らないという話になると、「1％治りますよ」「99％治りませんよ」という言い換えでフレームを変えることができそうですが、合併症の話は難しいですね。

がん治療の成否は裏表になっていますが、合併症って裏表じゃないんで、合併症が起こらないというのは、利得でもなんでもないんです。

そういうときの利得フレームというのは、**患者さんにしてみると、私たち医療者がモチベーション高く、一生懸命にがんを取るっていうのが、絶対いいはずだと思うんで、そこを信じて、言葉にするようにしています。**

Y：なるほど。別の場面で、再発のときの治療の意思決定のときというのは、ある程度最初の治療をやっている間に、その関係性もあって、患者さんの性格とかも少しつかめてきているようなところもあるのかなと思うんですけれど、例えば、そういうときに、フレーミングを意識して使われているような場面はありますか。

H：多分、再発とか緩和ケアセッティングとかに持って行くときというのは、今度は、むしろ損失回避あるいは**サンクコスト・バイアス**(13)が働いてくる局面になってくるので、そのときも、利得フレームで示さないといけないとは思うんです。注意しているのは、**緩和ケアセッティングの利得**

（13）サンクコスト・バイアス：埋没費用。これまで投資した費用や労力が中止によっては戻ってこないにもかかわらず、継続して取り戻そうとする結果、さらに費用や労力を浪費してしまう傾向。34ページ参照。

フレームを具体的に言語化するというのが医者としては難しい部分があるということですね。

他のスタッフで、緩和ケアの認定看護師やがん看護専門看護師、あるいは、ソーシャルワーカーにお任せして、「とにかく家で自分らしい時間を過ごすことが大切だ」「家族との時間を有意義に過ごす」あるいは、「こんな感じでお手伝いできるんですよ」などと患者さんがイメージしやすい具体的な言葉で説明してもらう。

あるいは、損失フレームで説明するにしても、こういう準備をしていなかったら、例えば、がんで亡くなる場合というのは、最後の一カ月は、もう動けなくなって、急に悪くなるので、その時に準備をしようと思ったら、自分ではできませんよという言い方で説明していますね。

Y：それは、大体どの患者さんであってもという感じでしょうか。患者さんの傾向によって使い分けとかされていますか？

H：確かに、結果的にそういう在宅の話をすると、支援スタッフと会ってはくれるんですが、実際の在宅医の選定は先延ばしにされるときがあります。

何度も苦い思いをしていますけど、そこは、解決できていないですね。

意思決定を先延ばしにする理由は何だと思いますか?

Y:何かこの先延ばしの背景にある理由として感じていらっしゃることはありますか。

H:患者さんとしては、私はまだ元気だと思っているし、何も困っていない。だから、具体的に動くまでもない。その日は、話を聞いただけで終わっちゃっている。で、たまに動く人がいるんですが、これが、どういう傾向の人だったのかというのは、ちょっと僕は研究していないんで分からないです。

Y:知りたいですね。個人的には、すごくその辺は興味がありますね。

H:そうですね。多分、そこからは手続きが複雑なので、先延ばししやすくなるんでしょうね。スタッフのところに行って話を聞くというのは、選択肢は一個で、これは、意図的にデフォルトで示しているところもあります。すなわちナッジをかけています。**先延ばしにされるのが嫌なので、患者さんの目の前でソーシャルワーカーに電話して、「今から相手できる?」と言って、「はい。手配します」と言われたら、「今から会ってくれるって、言ってるから」って言えば、会わないと**

言う人はいないですから。

Y：確かに。そうすると、患者さんにとってはだいぶ行動の障壁が減りますね。

H：そこは、この行動経済学を学んでから、ちょっと**後回しにすることをやめようというか、自分のやれることは、その場でやっちゃおうというふうに考えるようになりましたね。**

Y：そこも変化の一つなんですね。
ただ、実際、そこで話を聞いてきて、じゃあ、自分に置き換えて療養先を決めたり、仕事のことを考えたり、お墓をどうしようとか、そういう段階になってくると、いろんなやること、いろんな行動がそこに含まれてくるし、患者さん自身が動かなきゃいけないということで労力もかかるので、なかなかそう簡単にはいかずに、やっぱり先延ばしされちゃうということになるんですかね。

H：（Yさんは）今、ちょっといい話をされたけど、墓と遺影、葬式の準備、これは、みんな、するんですよ。アクセスがしやすいというのと、業者がいるので、面倒な手続きは業者がやってくれる。それと、心理的な負担が少ないんですよ。**自分の死期がそんなに迫っていなくても、遺影を**

撮ったりとか、墓を決めたりだとか、葬式の準備をするというのは、悪いことではない。残された人のためにやることなので、すごいポジティブなんですよね。

Y：遺影とかもそうなんですか。

H：それは、何のためにやっているかというか、自分が死んだ後、残された人のためにやる善行なんです。だから、割とすんなりとやります。みんな、結構喜んで、やってきましたと言って、表情は晴れやかです。

Y：本当ですか。そうなんですね。

H：それを聞いたときに、「よかったね」と言いながら、内心は、「そうじゃないんだけどな」って思っています。そんなことより、あなたが死に直面して、死の瞬間までどうやって生きるかを考えたいんだけど、どうして死んだ後のことばっかり考えているのかなって。

Y：そうなんですね。特に、腰が重くなる行動というのは、どの辺りが多いんですか。

H：在宅医の選定は遅いです。やっぱり家にお医者さんに往診に来てもらうって、死のイメージが強いんでしょうね。

Y：まあ、そうですね。

H：介護保険に関しては、手帳を作るだけの話だから、使っても使わなくてもいいからという言い方ができるんです。手続きだけの話なんで。ただ、在宅医という人間が関わるという話は、特に往診で家に来てもらうとなると、もう自分が動けないというイメージが画像として出てくるので、嫌がられますね。

Y：なるほど。**参照点の話とも絡むかもしれないですけど、自分がもう死に向かっているんだというところが認められないと、なかなかそれを前提とした行動というのは、やっぱり取りづらい**んですかね。

H：それって、やっぱり言葉じゃなくて、自分の体調になるんですよね。

だから、最後の一カ月、本当に動けなくなって、これから、転がり落ちるようにしんどくなるというのが想定されるにもかかわらず、身をもって分かってきた瞬間にならないと、そうしないんですよ、全然。先延ばしできないし、もう自分でできなくなるから、他人にやってもらうしかないとか。

Y：もう有無を言わせずみたいになってしまうって感じですかね。そこは本当であれば、体調がガタガタと悪くなってくる手前、まだ本人が考えて動くことができる時期から、行動に移せるようにサポートしていきたいところですが、現状そう簡単にはいっていないということなのですね。

行動経済学の概念を使って、臨床上生じる患者さんや医療者の様々な言動をどのように理解することができるのか、理解することで診療にどのような変化があるのか、そして今後に向けてどのような課題があるのか、など、例をまじえてお話しくださって、イメージできたように思います。ありがとうございました。

第2章 行動経済学・ナッジの解説①

1 行動経済学の主な概念

参照点依存

健康状態や経済的状態を私たちが評価する際には、何らかの比較対象となる状態（参照点）と比較して評価している（**参照点依存**）。医学的に計測した健康状態が同じであっても、私たちは、体調が同じだとは感じない。昨日よりも健康状態が悪化したのか、それとも改善したのかで、私たちの健康状態への感じ方は全く異なる。気温が急に高くなったときと30度以上の気温が何日も続いているときでは、私たちは全く異なる気温のように感じるようなものである。

参照点よりも良くなっている状況で参照点との差を利得、参照点よりも悪くなっている状態で参照点との差を損失とすれば、差が同じであっても利得よりも損失をより大きく評価する傾向が私たちにはあり、**損失回避**と呼ばれている。1万円をもらって、それをすぐに失った状況だと、1万円を失った時点では、1万円をもらう前の状態と同じ経済水準にある。もし、絶対的な経済状態が私たちの満足度や幸福度を決めるのであれば、どちらも同じ幸福度のはずである。しかし、参照点との差で満足度を感じ、同じ金額で比較した場合で利得よりも損失を大きく評価する傾向が私たちにはあるのだ。参照点は、それまでの健康状態や経済状態であったり、周囲の人の健康状態や経済状態である場合もある。また、最初に見た全く意味のない数字や状況が参照点となることもある（**係留効果**（**アンカリング**））。現状を参照点とすれば、現状からの変更を損失と捉えやすいので、**現状維持バイアス**が発生する。同じものを所有していない段階で価値を評価した場合を、所有している状態で価値を評価した場合と比較すると、所有している状態での価値の評価の方が大きくなる傾向は、**保有効果**として知られている。これも参照点依存の一つである。

利得にしても損失にしても、利得や損失が増えることによる価値の増え方や減り方は、徐々に小さくなっていく（**感応度逓減性**）。利得として1万円もらった際の主観的な価値（嬉しさ）の増え方は大きいけれど、10万円から11万円に利得が増えたときの価値の増え方はより小さくなる。同様に、損失として1万円失った際の価値（悲しさ）の増え方は大きいけれど、10万円から11万円に損失が増えたときの価値の増え方はより小さい。この対照的な影響は、リスクのあるものに対する態度を正反対のものにする。**利得局面**だと私たちが認識すると**リスクを嫌い**、**損失局面**だと認識すると**リスクを好む**ことになる。

利得局面か損失局面かは、参照点をどこに設定して私たちが考えるかに依存して決まる。全く同じ健康状態の変化であっても、参照点をどこに置いて考えるかで、利得局面にも損失局面にもなる。医療者にとっては、同じ治療法でも損失を強調した表現にするか、利得を強調した表現にするかで、その治療法の価値が大きく異なるように患者には受け取られる。また、どのような治療法でもリスクがあるので、損失局面であればリスク許容的になり、利得局面であればリスク回避的な選択を患者はしがちになる。

確実性効果

不確実な状況の価値を評価する際に、伝統的経済学では、特定の状況が発生したときの価値を、その状況が生じる確率で重み付けして評価する。80％の確率で1万円もらえるという状況を評価する際には、1万円をもらったときの嬉しさという価値に80％を乗じて評価する。つまり、確実に1万円をもらえた場合よりもらえない確率である20％を割り引いて評価するのだ。行動経済学の多くの研究結果が示すのは、100％確実であるという場合の価値の評価と99％の確率の際の価値の評価の差は、1％よりも大きくなっているというものである。これが**確実性効果**と呼ばれるものである。一方、不確実な選択肢どうしであれば、実際の確率の差よりも価値の評価の差は小さくなる。

現在バイアス

将来のことについては忍耐強い意思決定ができるけれど、直近のことについては忍耐強い意思決定ができない特性のことを**現在バイアス**と呼ぶ。健康のために食事制限や運動をして体重を減らすために、1週間後からダイエットを始めるという計画を立てることができるのは、将来の健康を現在の食事よりも重視しているからである。しかし、今日からダイエットを始めるということを常に選ばない。将来の計画を立てることはできても、その実行を**先延ばし**してしまうのは、**現在バイアス**が原因だと行動経済学では考えられている。

社会的選好・社会規範

私たちは、自分のことだけを考えているわけではなく、他人のことを考えるし（利他性）、格差があることを嫌うし（不平等回避）、恩を受けると返したいし（互恵性、返報性）、社会規範から外れてしまうことを嫌う。

限定合理性・ヒューリスティックス（近道）

認知能力が非常に高ければ、多くの情報を一度に提示されても、適切に情報処理をして、私たちは自分にとって最適な意思決定をすることができる。しかし、認知能力が限られていると、多すぎる情報が与えられても、適切に情報を処理することが難しい。選択肢が多すぎると選択過剰負荷が大きくなる。情報が多すぎても情報過剰負荷が大きくなる。

情報入手や情報処理の負荷が大きい場合、自分がすでに得ている情報だけを利用して意思決定をすることになる（**利用可能性ヒューリスティック**）。また、情報をもとに統計的推論をしないで、一部の属性だけを用いて判断をすることもある（**代表性ヒューリスティック**）。

私たちの意思決定は、これからの行動にしか影響を与えることができないが、過去に行った行動をこれからの意思決定に関連づけてしまう（**サンクコスト・バイアス**）。過去に行った治療の効果がなくなってきている場合、その治療を努力して続けてきたというコストを取り返すために、その治療を続けたいという患者の気持ちはサンクコスト・バイアスの例である。これからどのような治療を行うことが、本人の健康にとって効果的かということだけが重要で、過去にどのような治療を努力して行ってきたか、ということとは無関係であるが、そのことを関連づけて考えてしまう。

ナッジ

ナッジとは、「選択の自由を確保した上で、予測可能な形で人々の選択を変える選択肢の設計」だと定義できる。ナッジはもともと、肘で軽く押す、という意味である。補助金や罰金といった大きな金銭的インセンティブを使わないし、選択肢を法律等で禁じてしまうということもしないで、選択の自由を確保した上で、社会的にも本人にも望ましい選択を促すというものである。ナッジの背後には、リバタリアン・パターナリズムという考え方がある。医療者が望ましい治療法を知っているので、患者は医療者の治療法の選択に従うべきという考え方が、パターナリズム（温情主義）である。一方、リバタリアンは、患者の治療法の選択の自由に任すべきという考え方である。パターナリズムとリバタリアンの考え方は対極にあるように思えるかもしれない。しかし、ナッジは、特定の選択を強制するものではなく、他の選択をする自由を最大限確保しつつ、社会的にも本人にも望ましい選択を選びやすくするものであり、両者の考え方を両立させているのである。

ナッジの設計

BASIC

ナッジを設計するためには、人々が望ましい選択ができない理由を行動経済学的に分析して、ボトルネックを見つけることが第一である。それを修正できるようなナッジの案を複数設計する。その上で、どのナッジが効果的かを検証し、効果が大きかったものを実装することになる。どのようなナッジによる介入が効果的かは、参照点がどのようになるか、人々の社会規範がどこにあるのか、どのような情報を人々は持っているのか、というような様々な条件によって異なる。そのため、実際に現場で全面的に活用する前に、効果検証を行うことが重要である。

そのためのプロセスとして、ＯＥＣＤが提唱しているＢＡＳＩＣという考え方は有用である。Ｂ

（Behavior）で人々の行動をよく観察し、A（Analysis）で課題の原因を行動経済学的に分析し、S（Strategy）としてナッジの戦略を考える。そして、I（Intervention）として、実際にナッジによる介入をしてみて効果検証をする。その結果、効果があったものをC（Change）として、現場に実装する。

EAST

設計したナッジが備えるべき特性を持っているのかをチェックするためのEASTというチェックリストが、イギリスの行動洞察チーム（BIT）から提案されている。E（Easy）は、ナッジが簡単で情報過剰や選択過剰になっていないか、A（Attractive）はナッジそのものが人々の関心を惹くものであるか、S（Social）は社会規範、社会的選好を活用しているか、T（Timely）はナッジの提供のタイミングが適切かどうか、フィードバックをうまく利用しているか、というものである。

ナッジの種類

情報提供型ナッジ

第一に、情報過剰負荷や選択過剰負荷を小さくするためには、情報の提供の仕方をシンプルにする、選択肢を少なくする情報提供の仕方を工夫することがナッジになる。第二に、情報を提供する際に、表現を工夫することで、暗黙の参照点を設定して、利得表現にするか、損失表現にするかを考えることができる。第三に、個人的な利得や損失を強調するか、他者への損失や利得を強調するかが考えられる。第四に、多数派の行動や社会規範に関する情報提供をする。第五に、互恵的な情報を提供する。

デフォルト(オプトアウト)型ナッジ

人は現状維持バイアスがあるので、能動的な意思表示や意思決定をしない選択を、そのまま選ぶ傾向がある。これを利用したナッジが、多くの人が十分な情報を得た上で熟考した結果望ましいと考える可能性が高い選択肢をデフォルト設定にしておく、という工夫である。

2 ナッジに関するQ&A

Q1 ナッジは国や文化によって効果が違うのではないか?

A1 ナッジの種類によって違う。損失回避や現在バイアスという行動経済学的特性は、多くの文化で共通である。社会規範ナッジについては、文化によってその効果の大きさは異なる可能性がある。しかし、電力使用量について、近隣の人の電力使用量を提示して、社会比較によって節電を促すというナッジは、どの国でも効果は同じ程度にある。イギリスで行われた納税を促進するための社会比較・社会規範ナッジには効果があった。何を人々が社会規範として考えているかという点については、文化による差は当然考えられる。

Q2 ナッジメッセージの効果は持続しないのではないか？

A2 ナッジメッセージの効果が低減する馴化は、重要な問題である。しかし、社会比較ナッジは、長期的に効果が続くという研究が多い。一方で、節電をお願いする、感染対策のお願いをするというタイプのメッセージは、長続きしないことが知られている。情報提供型のメッセージは、その情報を人々が完全に知った状況だとそれ以上の効果は期待できない。一方、常に人々が、情報を忘れてしまう傾向があれば、リマインダーとしての情報提供によって、その分、効果は続くと考えられる。

これに対してデフォルト（オプトアウト）型ナッジは、長期に継続すると考えられる。

Q3 人によってナッジの効果は異なるのではないか？

A3 人によって、望ましい行動が達成できない理由が異なるので、単一のナッジが全ての人に効果があるわけではない。デフォルト型のナッジは、万人に一定の効果が期待できる。しかし、情報提供型のナッジは、ボトルネックとなっていた理由が人によって異なるので、効果がある場合とそうでない場合がある。医療現場では、個人の特性を診療の過程で知ることができるので、その人のタイプごとに異なるナッジを適用させることができる。

Q4 ナッジは金銭的コストをかけないということが特色だが、心理的負担が大きな情報提供の仕方で、望ましい選択にすることは問題ないのか？

A4 効果が大きくても心理的負担も大きなナッジは、望ましくないと考えられる。一回限りの行動変容であれば、そのようなナッジを使うことも選択肢として考えられる。しかし、繰り返される行動に対して、心理的負担の大きなナッジを用いると、ナッジそのものに対する反発が大きくなったり、心理的負担を小さくするために馴化が急速に生じて、長期的には効果的ではなくなると考えられる。

Q5 日本人は、オプトアウトを嫌うのではないか？

A5 サンスティーンの研究によれば、日本人は政府がオプトアウトを利用することを嫌う傾向が国際的には高い。この理由として、政府に対する信頼感が低いことが考えられる。もしそれが理由であれば、信頼度の高い医療者がオプトアウトの設定をすることは許容される可能性がある。もう一つの理由としては、オプトアウトが可能であっても、デフォルト以外の設定を選ぶことに大きな心理的負担を感じる人が多い可能性である。オプトアウトは、デフォルトと異なる選択肢を選ぶことができるという状況であるのに、オプトアウトできないと感じるのであれば、強制と同じように感じてしまう。強制に近いと感じられるのであれば、オプトアウトすることが非常に簡単で、何の罰則もないことを説得的に説明することで、オプトアウトの許容度を高められるかもしれない。

(大竹文雄)

第3章

インフォームド・コンセントをナッジする!?

【本章のポイント】

- 医療者はパターナリズムを避け、「患者にとっての最善は患者自身が知る」という前提に立ったインフォームド・コンセントを尊重することが求められている。
- 一方、患者に自己決定を強いるとなると、それは新たなパターナリズムになりうる。
- その解決策として、「リバタリアン・パターナリズム」を導入しナッジを活用することによって、インフォームド・コンセントのプロセスを患者の意向に沿ってカスタマイズすることを提案する。

（前立腺がんと診断された山田さん（76歳）は担当医から治療方法について以下のような説明を受けた。）
医師「山田さんの病期からすると治療方法としては、手術、放射線治療、ホルモン療法があります。さらに、手術には開腹、腹腔鏡、ロボット手術があり、放射線治療には外照射、組織内照射があります。それぞれ予測されるメリット、デメリットは○○です。これらのうちどれかを選んで治療する、あるいは治療しないで経過を見守るという方法も選べます。患者さんご自身のご意向に沿って治療を選択することが大切だと思いますので、どの治療を選択するかご自身で決めてください。」
山田さん「自分で決めるのですか……。」

1 パターナリズムから患者中心の医療へ

医療におけるパターナリズムの歴史は古く、なかでも古代ギリシア時代から医師の心得として取り入れられてきた「ヒポクラテスの誓い」は、「患者の生命を救うために最善をつくす」という理念のもとに「治療は専門家である私に任せなさい」というパターナリズムのプロトタイプとして影響を与えてきたといわれている。第二次世界大戦後、ナチスによる優生政策、人体実験、T4作戦（障害者を「安楽死」の名のもとに多数殺戮した政策）などの実態が明らかにされ、医師のパターナリズムへの批判が生まれてきた。こうしてパターナリズムに対する反省から「ニュルンベルク倫理綱領」(1947年)において「研究対象となる人間の自発的承認が不可欠である」ことが明記され、その理念は世界医師会「ヘルシンキ宣言」(1964年)へと引き継がれた。1970年代に入り、アメリカではタスキギー事件(黒人の梅毒患者を無治療で経過観察する人体実験が1932年から1972年まで続けられた)の告発などによる患者の自由・自律の尊重への関心の高まりから生命倫理分野の発展につながり、「ベルモント・レポート」(生物医学および行動学研究の対象者保護のための国家委員会、1978年)や「生物医学・医療倫理の諸原則」(ビーチャム&チルドレス、1979年)において「自律尊重原則」が示された。さらに1981年には「患者の権利に関するリスボン宣言」が採択され、「尊厳を得る権利」「情報を得る権利」「良質な医療を受ける権利」等とともに「自己決定の権利」が保障されるべき患者の権利として宣言された。

こうして、長い歴史を持つ医師主導のパターナリズムを克服し、「患者にとっての最善は患者自身が知る」という前提に立った患者中心の医療の確立が国際的なコンセンサスとして確立され、医療現場では「医師は患者が十分に理解できるよう説明する義務があり、患者の同意なく医療を行ってはならない」というインフォームド・コンセントの原則が医師の義務として位置づけられることになったのである。

2 インフォームド・コンセントの徹底

20世紀後半に広がった患者の自由・自律の尊重というパラダイム・シフトの潮流の中、我が国では1990年代にはまだパターナリズムが幅を利かせており、例えば患者への「がん」の告知なく治療が行われることも数多く見受けられていた。ところが、21世紀に入った頃から、社会全体の医療に対する意識の向上に伴い医療訴訟が急増し始めた。こうした状況の中、とりわけ医療界にインフォームド・コンセントの重要性を痛感させた裁判として、2000年の輸血拒否事件の判決（宗教的信条に基づき輸血を拒否していた患者に対して患者の同意なく手術中に輸血を施行した医療機関が敗訴した）、そしてその翌年（2001年）の乳房温存療法についての損害賠償請求事件の判決（乳がん患者に、当時まだ確立した治療方法になっていなかった乳房温存療法の選択肢について説明しなかった医療機関が敗訴。医師は自身が推奨する治療方法だけでなく、もし他に選択可能な治療方法があれば、その内容、利害得失、予後等も説明義務の対象となることが認められた）が挙げられる。このように患者の意思を十分に汲まなかったことを損害として認める民事訴訟判決の増加や、医療過誤、医療不信の実態を追及するメディア報道をはじめとする医療に対する社会的な批判の高まりを経て、医療現場は患者の自由・自律を尊重したインフォームド・コンセントの取得を法的倫理的義務として徹底するようになってきた。今では、患者は疾患に関する資料や各医療行為に関する合併症や副作用について事細かく詳細に説明を受け、それらが記載された説明書を手渡され、多種多様な同意書に署名することがルーチンとなっている。かつてのパターナリズムを背負った医師のプロフェッショナリズムは影を潜め、専門的技術者として患者の自己決定を尊重したインフォームド・コンセントに基づく医療を提供するのが新たな医師像として定着しつつあるといえるだろう。

3 インフォームド・コンセントの限界

医療現場ではインフォームド・コンセントの徹底が求められる中、新たな課題も生じている。インフォームド・コンセントが成立するためには、「医師が十分な説明を患者が理解できるように分かりやすく提供すること」「患者が医師の説明を理解し意思決定する力を有すること」「患者の判断が自発的なものであり、他からの圧力などによって不当に影響されていないこと」が求められる。ただ、現実問題としてこれらの要件を完全に満たすことは容易ではない。

医師が十分な説明を分かりやすく行うこと

医療に関する情報は膨大であり、例えば「前立腺がん」をインターネットで検索するだけで100万件以上ヒットする。医師はほぼ無限に存在する情報の山から、医学の素人である一般の患者に説明すべき情報を選別する必要がある。説明する情報が少なすぎると、先の乳がん患者の判例のように説明が不十分だということになりかねない。一方、病気の診断結果、病態生理に始まり、治療しない場合に予想される経過、選択可能なあらゆる治療方法について有効性、想定しうる有害事象等を詳細に、しかも分かりやすく説明しなければならないとなると膨大な時間と労力を要することになる。そもそも専門的な医学的情報を十分に理解するためには相当な医学的知識を備えておく必要があるため、医師と患者が同等に医学的知識・情報を共有することは現実的にはほぼ不可能であるといえよう。

このような状況の中、はたして医師はどのような説明を行うべき義務があるのだろうか。

医師が果たすべき説明義務の基準については諸説あり、一般的な医師であれば与えるであろう情報、つまり同じような状況下での合理的な医学的慣行を説明するべきであるとする「合理的医師基準」、一般的な患者であれば必要とするであろう情報を説明するべきであるとする「合理的患者基準」、当の患者が重視する情報を説明するべきであるとする「具体的患者基準」が主な基準として挙げられる。これらの基準のうち、医師はどの基準を適用することが法的に求められているのかは明らかでなく、実際の判例を見てもケース・バイ・ケースのようである。ただ、インフォームド・コンセント本来の意義である「患者中心の医療の実現」、そしてそのためには患者がその個人的価値観、目標に基づいて決定することが重視されるべきだとすると、医師らの慣行に従うだけでは望ましいといえない。また、一般的な患者という架空の存在を想像することを医師の想像力に依存するのは、実際の患者の選好が様々であることを考えると現実的には難しいだろう。つまり、医師が説明すべき内容は（法的義務かどうかは別として）、一般的な合理性だけで決まるのではなく、患者との対話を通じて個別、具体的に決めることが望まれており、「具体的患者基準」が理想的だといえるだろう。

しかし一方で、現実の患者の選好はしばしばあいまいで移ろいやすく、どのような情報を重視したいのか明確に示されるとは限らない。また、面談の時間が無限に用意できるわけでもない。常に「具体的患者基準」に基づいた情報提供を徹底するというのは現実的ではなく、実際には状況に応じて医師の慣行や価値判断に基づいて情報を取捨選択せざるをえないこともありうるだろう。

患者の意思決定能力

インフォームド・コンセントを完遂するにあたり、患者には医師の説明を理解して自律的に決定をなす能力が求められる。そのため、これらの能力が欠如・低下している場合（一般には重度の認知症や精神障害、乳幼児、緊急時等が想定される）には「例外的」に、パターナリズムに基づく介入が許容されると理解されている。

しかし実際に自分の利益に見合う選択を正確に行うとなると、本職の医師ですらも専門外の領域だとしばしばおぼつかなく、専門領域ですら判断を誤ることがある。まして一般の患者が独力で正しく判断することは容易ではない。くわえて、これまでの行動経済学に関する多数の知見からも明らかなように、人は誰でも非合理な選択を行ってしまう傾向がある。とりわけ医療上の意思決定では、これまでの日常生活では経験したことのないような深刻で特殊な判断を求められることになるため、なおのこと様々な認知バイアスの影響を受けやすくなるだろう。そうなると、「患者の最善の利益は患者自身が知っている。選択の自由を最大限に保障すれば最善の選択が行えるはずだ」という前提は現実味が乏しく、そもそもインフォームド・コンセント原則が想定するような意思決定能力を常に発揮できる「ホモエコノミクス」は存在しないとすらいえるかもしれない。つまり、パターナリズムに基づく介入の必要性は乳幼児や精神障害を抱えた人など一部の特殊な状態にある人々に限定されるものではなく、ほぼ全ての患者が多かれ少なかれ医療者の介入を必要とする存在だと言っても過言ではない。

意思決定の自発性

インフォームド・コンセントは、外部からの圧力や束縛のない状態で患者によって自発的に行われなければならないとされている。医師や家族をはじめとした周囲の者が選択肢を強制してはならず、情報を操作（患者に嘘をついたり、伝えるべき情報を隠したりすること）して不当に誘導することも自発的な意思決定を妨げることになるため認められない。当然といえば当然で極端な例は迷うこともないだろうが、実際には微妙な問題も存在しうる。

特に注意を払う必要があるのは、医療行為は他の一般的な行為と異なり、医師のみに独占的に許されている行為だということである。患者は、医療を全く受けないという選択をしない限り、診断にせよ治療にせよ医療とのかかわりにおいて医師の関与は不可欠である。医師の関与が直ちに「圧力になる」というわけではないにせよ、医師が「医療行為の独占」という強い権限を持つことによって、患者の選択に対する有形、無形の圧力として影響を与えうることは無視できないだろう。逆に、近年は患者の意思決定への医療者の関与は「協働的意思決定（shared decision-making）」とも呼ばれ、望ましい実践として推奨されるようになってきている側面もある。実際のところ、どのような関与が自発性を損なわせる圧力と見なされ、どのような関与が推奨されるべき「協働的意思決定」といえるのか明確ではない。また、情報の操作について、どのような操作が不当な誘導に当たるのだろうか。例えば、何らかの選択肢を選びやすくするように誘導することは不当なことなのか、患者が知りたくない情報も全て伝えなければならないのか、判断が分かれることもあるだろう。

4 インフォームド・コンセントをナッジする

インフォームド・コンセント原則およびその成立条件に忠実であるためには、「患者の自由・自律を損なうパターナリスティックな介入は極力避けるべきだ」ということになる。一方で「患者の自由・自律を尊重することに徹することが必ずしも患者の最善の利益に見合わないこともある」という、インフォームド・コンセントの理想と現実に乖離が生じている現状を無視するわけにもいかない。インフォームド・コンセントが机上の空論にならないよう医療現場での運用に耐える実効性を高める必要があるといえよう。

そこで、このような医療現場が直面している「患者の自由の尊重（リバタリアニズム）」と「患者の自由への干渉（パターナリズム）」のジレンマの解決に向けての方策として、サンスティーンらによって提唱された「リバタリアン・パターナリズム」を導入することによって、患者の選択の自由を尊重しながら、パターナリズムの介入を行う新しいインフォームド・コンセントの在り方を考えてみたい。

サンスティーンらは、自由にオプトアウト（離脱）を選択できるパターナリズムの介入を前提としたリバタリアン・パターナリズムを実践するために行動経済学の知見に着目した。行動経済学は、人の行動選択はしばしば非合理なものであること、そしてそのような非合理な行動選択には一定の法則性があることを明らかにしてきた。これらの広く共通する法則性をうまく利用することで、強制することなく、人々が自分から進んでより合理的な行動を選ぶように誘導する選択アーキテクチャの設計を「**ナッジ**」と称して提案した[1]。インフォームド・コンセントにもうまくナッジを活用することができると、パターナリズムとリバタリアニズムを対立する概念として捉えるパラダイムから脱却し、患者の自由を尊重しながら、パターナリズムの介入を行うことが期待できそうである。

実際に医師などの医療者がインフォームド・コンセントにおいて活用しうるナッジとしては「選択促進型ナッジ」と「熟慮支援型ナッジ」の2種類に分けられる。

選択促進型ナッジ

選択促進型ナッジは、患者がヒューリスティックスをもとに直感的、反射的に選択するプロセス（システム1）に働きかけて、合理性を重視して慎重に選択するプロセス（システム2）を迂回させ、医師が望ましいだろうと考える選択肢を（つい、思わず）選びとるように促すナッジである。つまり、選択促進型ナッジは基本的に患者の自己決定に頼らず、医師側が患者にふさわしそうな選択を促すタイプのナッジということになる。

典型的な選択促進型ナッジとしては、医師が推奨する特定の選択をあらかじめ提示する手法（デフォルト提示）が挙げられる。「この病気にはA、B、Cの治療法があります。私としてはAをお勧めしますが、もちろんどの治療を選択されても全力で取り組ませていただきます」といった形でデフォルトを示されると、他の選択を選ぶ自由が保障されている状況であっても、人は強くデフォルトに固着しやすいことが知られている。さらに、選択肢の提示の順序や配置などの見せ方に工夫を加えたり（**フレーミング効果**）、**損失回避**などの認知バイアスを利用して設定した選択肢を選ぶように促すなど様々なナッジの手法が考えられる。このように選択促進型ナッジは、患者がいつでもオプトアウトできることによって、強制される心配がないことを前提として、医師が患者にとってベストだと信じる治療へと導くことによって、患者が自分ではうまく選択しづらい課題についてより良い選択を可能にするナッジだといえる。

しかし、たとえオプトアウトが保障されているとしても、医師が勧める選択肢への誘導というパターナリズムの発動について懸念がないわけではない。

一つは、パターナリズムに基づく選択肢の誘導は医師の価値観の押しつけになる恐れがあるということである。オプトアウトの自由が保障されているとはいえ、医師が提案する治療方針に反論したり拒否したりすることは患者にとって簡単ではない。医療は医師に託すしかないわけであり、その命を預ける相手に悪い印象を持たれたくないのが普通である。このような医師と患者の関係を考えるとオプトアウトの自由といっても、あくまでもパターナリズムに取り囲まれた中での限定された自由にすぎないといえよう。さらに言うと、オプトアウトのハードルが高いということは実質的には、「患者の選択の自由」を隠れ蓑にして、治療がうまくいかなかったときに医師が責任を回避するための逃げ道の役割を果たすことにもなりうる。「あなたも同意していたでしょう」と言われたら患者は文句を言えない状況に追い込まれてしまいかねないのである。

また、システム2を迂回させることによって熟慮の機会が損なわれるということは、患者の自律性を危うくする操作性の問題だけでなく、じっくり自分で考え知識を深める機会が妨げられることにもなる。とりわけ、生活習慣病等の慢性疾患では病気のリスクや治療の意義をしっかり学んで主体的に取り組んでいくことが長期的な療養の成功には欠かせないだろう。

さらに、おすすめの選択を促すことが「患者のため」と言いながら、実は自分の業績を増やしたい、新しい治療法を試したい、収益を増やしたい、等といった別の意図が含まれていたとしても患者にはなかなか判別できない。特に、ナッジは本質的に目立ちにくく、意識されにくい性格のものでもあるため、より一層、医師の思惑を見えにくくしてしまうため歯止めがかかりにくいことも懸念される。

これらの問題を踏まえると、選択促進型ナッジは患者にとって有益な介入となりうる半面、使い方によっては強制力の強い介入になる恐れがあるため、手放しに推し進めるべきではなく、その活用は慎重に検討する必要があるだろう。

では、医師はどのようにして推奨する選択肢を選んだらいいのだろうか。

むろん、患者の利益以外のことを目的とした選択肢への誘導は許されず、患者にとって最善と思われる選択肢を選考しなければならない。その際、何を根拠に最善と考えるかという問題に直面する。医師も人間である以上、様々な認知バイアスの影響を受けながら行動せざるをえないため、合理性の限界は医師にも当然当てはまるであろう。このような医師のバイアスを排除するためには、基本的に医学的な最善のエビデンスに基づくことが重視されるべきだといえる。なかでも診療ガイドラインは多数のエビデンスを多くの専門家によって吟味された上でのコンセンサスに基づく推奨であり、臨床現場では診療ガイドラインを参照することが強く勧められている。ただ、それらのエビデンスが当の患者にどの程度当てはまるのか、推奨される治療が当の患者にとってどの程度の価値があるのかについては、最終的に患者の個別の状況、価値観や意向を踏まえて、現場の裁量にゆだねるよりほかない。そのため、一人の医師の独善にならないように現場のコンセンサスを広く踏まえておくことも重要になるだろう。また、患者自身による選択の余地を残すために、推奨する選択肢を一つにまで縛りこむのではなく、これは望ましくないだろうという選択肢だけを省いて提示するにとどめることも考慮しうる。

熟慮支援型ナッジ

熟慮支援型ナッジは、選択促進型ナッジとは逆に、システム１による判断を避け、患者が合理性を重視して慎重に判断、選択するシステム２へ誘導することにより、熟慮して選択できるように促すナッジである。このナッジは、システム１による選択に比べ、システム２による選択の方が患者当人の利益を実現できるだろうと想定した介入手法となる。

実際、難しい意思決定に直面した患者は、思わず直感的に選択したり、無批判に「お任せ」したくなることもあるだろう。そこで熟慮支援型ナッジとして、じっくり考えられるための時間を保証したり、確率・統計等の難しい数字を分かりやすく図式化したり、意思決定を援助するファシリテーターを配置して患者自身の意向や価値観の明確化を手助けしたり、ホットな状態を避けるために情緒的な安定を促したり、不安の軽減を図ったりするなどの介入を行うことで熟慮しやすくすることができる。さらには、リーフレット、ビデオ、Ｗｅｂサイトなどの意思決定支援ツールを用いて情報の理解を強化する環境を補うこともできる。

熟慮支援型ナッジは、基本的に患者の自己決定に信頼を置くものであり、患者の選択を医療者が一定の方向に促すものではない。患者の理解を促し価値観を明らかにしながら、自分の力で、自分の価値観に照らし合わせながら、じっくり考えて選択できるように促すナッジである。そして、人は自分が選択したものを好きになる性質が知られており(2)、与えられた選択肢に従うより、自分で決める方がその選択への満足度が高まることも期待できる。

このように、熟慮した方がより合理的な選択を行いやすく、しかもその選択に納得しやすいことが期待できるとはいえるものの、常に熟慮することが患者の利益実現につながるとも限らず、患者によっては熟慮を促す介入を「ありがた迷惑」と感じることがあるかもしれない。人は親切心から良かれと思って行う行動には歯止めがかかりにくいところもあるため、パターナリスティックな価値観の押し付けにならないように自覚する必要がある。

5 インフォームド・コンセントという名のパターナリズム

インフォームド・コンセントは、原則として極力パターナリズムを避けて患者が自律的に作り上げることが望まれる。そのためには、患者が熟慮する能力を持ち、医療者側が熟慮支援のためのリソースを有するのであれば、医療者側がベストと考える選択を促す選択促進型ナッジを一足飛びに導入するのではなく、患者の自己決定を促す熟慮支援型ナッジを優先することが望ましいということになるだろう。

確かに、医師が自分の価値判断を控えて偏りなく選択肢を提示する方法は、インフォームド・コンセント原則からすると模範的かもしれない。しかしその一方で、冒頭の山田さんのケースのように、「Aという治療があります。Bという治療法もあります。治療しないという方法も選べます。それぞれ予測されるメリット、デメリットは○○です。どの治療を選択するかご自身で決めてください」というような、難しい選択の自己決定を求められると途方に暮れてしまう患者がいるのも事実である。実際には自分のことを全て自分で決めたいと思っている患者ばかりではない。例えば、カナダでの乳がん患者への調査(3)によると、治療法を自分で決めることを望んだ人は22%、主治医と相談して決めたい人は44%、判断を主治医にゆだねたい人は34%という結果であった。そもそも医療という自分の生命や健康に関する重大な帰結を生じる選択を自分で決めることには、しばしば選択を誤るリスクや時間・労力というコストの負担が生じる。また、終末期の延命治療の是非の判断などシビアな選択を要求されて精神的なダメージを受けること（感情コスト）が負担になる人もいるだろう。積極的に自己決定することによってこれらのコストを負担するより、「自分にとってベストな選択肢を信頼できる誰かに代わりに考えてほしい」という願望を持つ患者も少なくない。

したがって、「患者にとっての最善は患者自身が知る」という前提に立って自律を促すのはいいことだとしても、患者に自己決定を強要するとなると、それはそれで新たなパターナリズムになりうるということを考慮する必要がある。患者には「自己決定しないことを選択する自由」もあるはずであり、少なくとも患者が医師を信頼して介入を求める限りにおいて、その要望を拒絶することが医師の義務だとはいえない。むしろ、患者が望むのであれば、意思決定に伴う様々な負担を患者と分かち合うのが医師の務めだと言うこともできるだろう。

さらに考えておくべきなのは、治療選択の自己決定を実現することが患者の自由を最大限に保障することになるとは限らないということである。人によっては、日常的に次から次へと選択し続けなければならない選択地獄から解放されて、自分のしたいことに時間や労力を使う方が人生全体としてより自由を謳歌できるということもあるだろう。選択の自由だけが守るべき自由というわけではなく、患者にとってより価値の高い他の自由の獲得も併せて考えていくと、治療の選択をある程度パターナリズムに任せることはかならずしも自由の敵ではなくなるといえよう。

このように、自律性に基づいたインフォームド・コンセントを患者に求めることが時として自己決定を強要するパターナリズムになりうることも踏まえ、インフォームド・コンセントの今日的な在り方を今一度考えなおしてみる必要があるのではないだろうか。

6 インフォームド・コンセントをカスタマイズする

これまで見てきたように、医療現場ではパターナリズムへの反省に端を発し、患者の自由・自律を尊重したインフォームド・コンセント原則の徹底が急速に進められてきた。一方、専ら患者の自己決定に軸足を置く治療方針の決定プロセスには様々な限界がある現実にも直面している。

本来のインフォームド・コンセントの目的が「患者中心の医療の実現」にあるとするならば、患者による積極的な自己決定は重視すべき達成手段の一つにすぎず、患者が求める自由とは何なのか、求める利益は何なのかという個別性にも目を向ける必要があるだろう。つまり、理想のインフォームド・コンセントは、患者によって、あるいは患者の置かれている状況によって様々だということである。言ってみれば、インフォームド・コンセントのプロセスを患者の意向に沿って個別にカスタマイズする必要があるということになる。では、一体、どのようにインフォームド・コンセントをカスタマイズすればいいのだろうか。

患者中心の医療の実現のために、「患者の自由・自律の尊重」は医療者が遵守すべき原則であり、法的要請であり続けるだろう。それと引き換えに、パターナリズムが忌避される社会においては、患者の抱える様々な問題を「自分事」として受け止め利他性を発揮するパターナリズムといえる思いやりや人情的側面が失われ、患者の問題を「他人事」として捉えて「ご自由にどうぞ」と患者の自由に委ねることになり、患者は孤独な自己決定を余儀なくされることにもなりうる。孤独が悪いとは限らないが、少なくとも患者がそのような孤独な自己決定の在り方を望まないのであれば、適度な人情的リバタリアン・パターナリズムによる介入を許容することによって、患者が強制されることなく、孤独を免れ、自身の価値観や個別性に見合った患者中心の医療の実現に近づくことが期待できるだろう。その「適度な人情」を見極めるためには「継続的な医療者と患者のコミュニケーション」を通じて、患者の抱える個別の価値観・事情・心情の把握に加え、選択の自律性を優先するのか、それとも医師による選択肢の推奨を望むのか、「患者の自律」と「医療者による与益（beneficence）」のバランスを把握する必要があるといえるだろう。当の患者にとって何が大切なのかを共有しなければ「適度な人情」は実現しえない。

患者が自律性を重視する場合、原則的には不要な介入は避けて積極的な自己決定を尊重することになるが、選好や価値観は状況によって変わっていくこともあるので、もし決めることが難しければ熟慮支援があり、それでも決めるのが難しければ選択促進ができることを継続的なコミュニケーションによって担保することが大切になる。その際のコミュニケーションにおいて注意する点は、医師と患者のコミュニケーションはその関係性から容易にパターナリズムへと発展しがちだということである。熟慮支援においても同じく、近年は「協働的意思決定」のキャッチフレーズのもと、医療者による意思決定への介入が積極的に推奨されてきていることもあるが、パターナリズムに対して無自覚なまま「小さな親切、大きなお世話」にならないよう配慮が必要である。

患者が選択肢の推奨を望む場合、あるいは不合理な選択をしようとしているように思われる場合、医師は患者にとってベストと思われる選択肢を示すことを考えるだろう。その際、医師は自身が推奨する選択肢へと促すだけでなく、自分の理想や好みを押し付けているのではないかと常に自省しつつ、継続的なコミュニケーションを通じてその選択肢の持つ患者にとっての価値や意味を踏まえながら、最終的に治療方針の決定に到達することが重要である。

医療とは避けがたく不確実な実践であり、それを扱う人間は避けがたく不合理な存在である。しかしそれでも、患者は価値判断を担う自由を手に、医師は医療行為の責任を担う資格を持って、インフォームド・コンセントという決着をつけなければならない。その歴史的経緯や社会的背景も踏まえつつ、「患者の自由・自律の尊重」と「適度な人情の許容」を「継続的な医療者と患者のコミュニケーション」によってバランスを図りながら、インフォームド・コンセントのプロセスを個別にカスタマイズしてみてはいかがだろうか。

（多田羅竜平）

第2部

行動経済学を医療の実践にどう使うか

第4章 新型コロナウイルス感染症対策の行動経済学

【本章のポイント】

- 持続的な行動変容が感染症対策では必要。
- 感染対策の促進には利他的なメッセージが効果的。
- 高齢者のワクチン接種を促進するには社会的影響メッセージが効果的。
- 感染対策やワクチン接種意思は、状況による変動や個人間の異質性が大きいため、ナッジメッセージを迅速に検証しながら使う必要がある。

新型コロナウイルス感染対策の担当者「新型コロナウイルスの感染が広まっていますから、都道府県をまたぐ移動は控えてください。大人数での会食を控えてください。密を控えてください。○○、○○、○○を控えてください。」

市民A「したいことを全部制限されて、いつまで続くんだ。」

新型コロナウイルス感染対策の担当者「新型コロナウイルスの感染拡大を抑えるためには、多くの人にワクチンを接種していただく必要がある。」

市民B「みんなが接種したら安心だけれど、副反応もあるそうだし……。感染がそれほどひどくなければ、自分は接種しなくてもいいのでは……。」

1 新型コロナウイルスの感染拡大

世界で多くの感染者と死者を出している新型コロナウイルス感染症の感染者が、日本国内で初めて確認されたのは2020年1月16日のことであった。その後、2月3日に横浜港に到着したクルーズ船「ダイヤモンド・プリンセス号」では、3711名の乗員・乗客のうち696人が感染するという事態があった。2月下旬には、北海道で感染者数の増加が見られ、知事が緊急事態を宣言することになったが、3月中旬には収束した。ここまでの国内での感染拡大は、中国からのって本格化した。

移入だと考えられている。しかし、日本での感染拡大は、3月後半からの欧州等からの移入によ

そのため、4月7日には7都道府県に初めて緊急事態宣言が発出され、4月16日には対象が全国に拡大された。緊急事態宣言では、不要不急の外出を控えることとの依頼、様々な集客施設・企業等への休業要請、医療供給体制の整備等が行われた。その後、新規感染者数の減少が見られた地域から緊急事態宣言が順次解除され、5月25日に全ての都道府県で第1回の緊急事態宣言は解除された。しかし、感染はこれで収まらなかった。緊急事態宣言の解除後、東京で徐々に拡大が続き、2020年の夏には緊急事態宣言の発出はなかったものの感染が大きく広がった。この時には、繁華街を中心にした対策で感染は収まっていった。

3度目の感染拡大は、2020年の12月から始まった。2021年1月8日から2月7日まで関東の1都3県に2度目の緊急事態宣言が発出された。1月14日からは、栃木県、岐阜県、愛知県、京都府、大阪府、兵庫県および福岡県が追加され、3月7日まで栃木以外は延長決定した後、2月28日には関東の1都3県を除いて先行解除された。1都3県は、3月21日まで延長された。3月21日に第2回の緊急事態宣言は解除された。ただし、第2回の緊急事態宣言では、第1回のように広範囲な休業要請ではなく、飲食店の営業時間短縮が中心のものであった。

4度目の感染拡大は、3月末から大阪府で始まった。変異株の影響もあり急激に感染が拡大し、4月25日から5月11日までの予定で、東京都・大阪府・京都府・兵庫県に緊急事態宣言が発出さ

れた。この大型連休中の緊急事態宣言では、飲食店の時間短縮に加え酒類を提供する飲食店および大型商業施設への休業要請、イベントの無観客開催の要請が行われた。この宣言は5月12日から大型商業施設への休業要請、イベント開催の緩和をした上で、5月末まで延長され、愛知県、福岡県も追加された。沖縄以外は6月21日に解除された。

5度目の感染拡大は、2021年7月に入って観察され、デルタ株の感染拡大を考慮して少し早めの段階で、7月12日に4度目の緊急事態宣言が東京に発出された（7月12日～8月22日）。同時に、沖縄の緊急事態宣言も継続となった。8月2日には、埼玉県、千葉県、神奈川県、大阪府にも緊急事態宣言が発出され、東京、沖縄も含めて期間は8月31日までとされた。

このように、2021年8月までに4度の緊急事態宣言が発出されたが、外出禁止というような厳しい私権制限はなく、諸外国に比べると、弱い規制で感染症対策が行われてきたのが日本の特徴である。

新型コロナウイルス感染症については、日本で多くの感染者と死亡者を出したことは間違いないが、欧米諸国と比べるとかなり少ない。感染者数や死亡者数が欧米と比べて少ない理由は、今後明らかにされていくと考えられるが、2020年5月29日の新型コロナウイルス感染症対策専門家会議の提言では、国民皆保険制度による医療へのアクセスの良さ、保健所の整備等による公衆衛生水準の高さ、クラスター対策が効果的だったことに加えて、「政府からの行動変容の要請に対する協力の度合いが高かったこと」も挙げられている。

2 罰則と補助金を使った感染対策

新型コロナウイルス感染症に対しては、感染拡大当初ではワクチンや治療薬が開発されていなかった。ワクチンについては、異例の速さで開発され、英国、米国では2020年12月から接種が開始された。日本での接種は2021年2月から医療従事者から始まり、高齢者への本格接種は2021年5月になってからであった。そのため、感染対策としては、一人一人が感染しないようにすること、仮に感染した場合でも人に感染させないことという状況が続いた。原理的には、感染した人が、約2週間、誰とも接触せずにいたならば、新型コロナウイルスの感染は収束するはずである。問題は、誰が感染しているか完全には分からないこと、分かったとしても感染者を隔離して完全に行動制限をすることが難しいことである。

そこまでしなくても、感染リスクが高い密閉・密集・密接の「3密」の場所の回避や「身体的距離の確保」「マスクの着用」「手洗い」といった基本的な感染症対策を行うことで、かなり感染と感染拡大を防ぐことができる。

こうした感染症対策を全ての人が実行すれば、新型コロナウイルスを封じ込めることができる。しかし、これはかなり難しいことである。違法でない限り、人々は自分の好きなように行動する権利がある。感染症予防のための行動変容は、そのような権利を制限することになる。実際、海外の多くの国では、ロックダウンによって外出禁止令を出して、それを守らない人から罰金を取ったり、罰則を与えたりした。感染リスクの高い業種には、休業命令を出すかわりに、補償金を支払った。つまり、人々の権利を制限するために、罰則あるいは補助金を用いたのだ。罰金と補助金は、全く逆の政策のように見えるかもしれないが、感染予防という目標を達成する点ではどちらでも同じである。異なるのは所得分配である。

感染症の予防行動を促進するために、罰金や補助金を用いることが許されているのはなぜだろうか。それは、私たちが新型コロナウイルスに感染することは、自分の健康を悪化させるだけではなく、自分以外の人に感染させて、その人の健康も悪化させるからである。私たちは、自分のために人の健康を悪化させたことに対して、その費用を支払うわけではない。そのため、自分の感染リスクと感染対策をすることのコストだけを考えて、感染対策をするか否かを考える。社会的に考えると、自分が感染するリスクだけではなく、自分が感染することで人の健康悪化リスクもコストとして考えて、それと感染対策のコストを比べるべきだ。つまり、社会的な迷惑を考えない分、私たちは、社会的には過剰に感染リスクを高めてしまうのだ。

外出をする、3密の場所に行く、マスクをしないといった行為で罰金を支払うというのは、感染対策をしないことのコストを高めることになる。実際、海外では、電車に乗る際にはマスクの着用が義務づけられているところもあった。つまり、罰金という形で他人の健康悪化コストを顕在化させて、感染リスクの高い行動を取らせない。逆に、感染リスクの高い業種の事業主に休業補償を支払うという方式は、感染リスクの高い行動を取らないことに補助金を与えて、そのような行動を促進する。どちらも同じ目的が達成できる。他人への迷惑を考慮しない人に、考慮させるような行動を取らせるための罰金のことを「ピグー税」と経済学では呼ぶ。ちょうど、二酸化炭素の排出量を抑えるために、化石燃料の使用に課税するのと同じである。社会に迷惑をかけることに課税するということの背景には、社会に迷惑をかける場合は自由に行動する権利は制限されるべきだという価値観を反映している。一方、人に迷惑をかける行動を控えてもらうために支払う補助金のことを「ピグー補助金」と経済学では呼ぶ。この背景には、基本的には人は好きなことをする権利を持っているので、その権利を制限する際には補償金を支払うという価値観を反映している。

緊急事態宣言は、平常時なら優先される私的権利が、緊急時には制限されることを明確にすることである。その意味で、緊急事態のもとで感染リスクを高める行動を取ることに対して罰則を設けるというのは自然である。一方、平常時であれば、3密業種であっても、感染リスクを高めないので、休業を要請するなら補償金（協力金）が必要になる。

このような感染リスク対策としての罰金や補助金と、所得再分配政策としての補助金政策は、しばしば混乱して理解されている。新型コロナウイルス対策で人々の行動変容の結果、所得が減少するという場合には、一種の所得保険としての再分配政策が必要になる。自然災害が理由でも景気の悪化が理由でも、予想されない所得ショックが発生した場合には、人々は貯蓄や保険だけでは対処できない。それに対応するのが、政府の役割である。新型コロナウイルスによるマイナスの影響は、旅行業、エンターテイメント産業などの対人サービス産業を中心として発生した。一方で、在宅勤務が容易にできる職業や通信販売などの産業では、影響が小さいか、場合によってはプラスの影響を受けている。そのような職業、産業別に異なるショックを政府が税や補助金を使って平準化するのである。

3 日本の感染予防政策

海外では、ロックダウンによって強制的に人々の外出を抑えるという感染拡大予防政策をとった。しかし、日本の緊急事態宣言には、そのような強制力はほとんどなかった。あくまで、行動を控えることの協力要請という権限しか行政機関には与えられていない。罰則がないもとで、多くの人々に感染予防行動を取ってもらう必要があった。そこで用いられたのが、市民への情報提供によって行動変容を促すという政策である。

「新型コロナウイルス感染症対策専門家会議」では、2020年2月24日に出した見解で「みなさまにお願いしたいこと」という節を設けて、直接、行動変容の依頼をしている。具体的には、「この1～2週間の動向が、国内で急速に感染が拡大するかどうかの瀬戸際であると考えています。

そのため、我々市民がそれぞれできることを実践していかねばなりません。

特に、風邪や発熱などの軽い症状が出た場合には、外出をせず、自宅で療養してください。

(中略)

また、症状のない人も、それぞれが一日の行動パターンを見直し、対面で人と人との距離が近い接触(互いに手を伸ばしたら届く距離)が、会話などで一定時間以上続き、多くの人々との間で交わされるような環境に行くことをできる限り、回避して下さい。症状がなくても感染している可能性がありますが、心配だからといって、すぐに医療機関を受診しないで下さい。医療従事者や患者に感染を拡大させないよう、また医療機関に過重な負担とならないよう、ご留意ください。

教育機関、企業など事業者の皆様も、感染の急速な拡大を防ぐために大切な役割を担っています。それぞれの活動の特徴を踏まえ、集会や行事の開催方法の変更、移動方法の分散、リモートワーク、オンライン会議などのできうる限りの工夫を講じるなど、協力してください」という呼びかけを行っている。

2020年3月2日の見解でも「全国の若者の皆さんへのお願い」ということで、「10代、20代、30代の皆さん。若者世代は、新型コロナウイルス感染による重症化リスクは低いです。でも、このウイルスの特徴のせいで、こうした症状の軽い人が、重症化するリスクの高い人に感染を広めてしまう可能性があります。

皆さんが、人が集まる風通しが悪い場所を避けるだけで、多くの人々の重症化を食い止め、命を救えます」という利他的メッセージによって、行動変容を呼びかけている。

3月9日の見解では「みなさまにお願いしたいこと」という節で、同様のメッセージを出している。「専門家会議としては、すべての市民のみなさまに、この感染症との闘いに参加して頂きたいと考えています。少しでも感染拡大のリスクを下げられるよう、別添の『新型コロナウイルス感染症のクラスター（集団）発生のリスクが高い日常生活における場面についての考え方』を参考にしていただき、様々な場所や場面に応じた対策を考え、実践していただきたいと考えています。どうかご協力をお願いいたします」。

3月19日の提言でも「皆さんが、『3つの条件が同時に重なった場所』を避けるだけで、多くの人々の重症化を食い止め、命を救えます」という利他的メッセージが用いられている。また、4月1日の提言でも「行動変容の必要性について」という節で、ウイルスの特徴を説明した上で、3密を避けること、手洗いの徹底を呼びかけている。

4月22日の専門家会議の提言では、従来の感染予防対策に加えて、ゴールデンウィークの人々の移動を減らすために、人との接触を8割減らすことが提唱された。「ビデオ通話でオンライン帰省」「スーパーは1人または少人数ですいている時間に」「飲み会はオンラインで」「仕事は在宅勤務」「会話はマスクをつけて」などの「人との接触を8割減らす、10のポイント」というイラスト付きの資料も公表した（図4-1）。そうした方向性は続き、5月4日には、「新しい生活様式」という新型コロナウイルス感染症対策を取り入れた生活様式の提案までされている。

図4-1　10のポイント

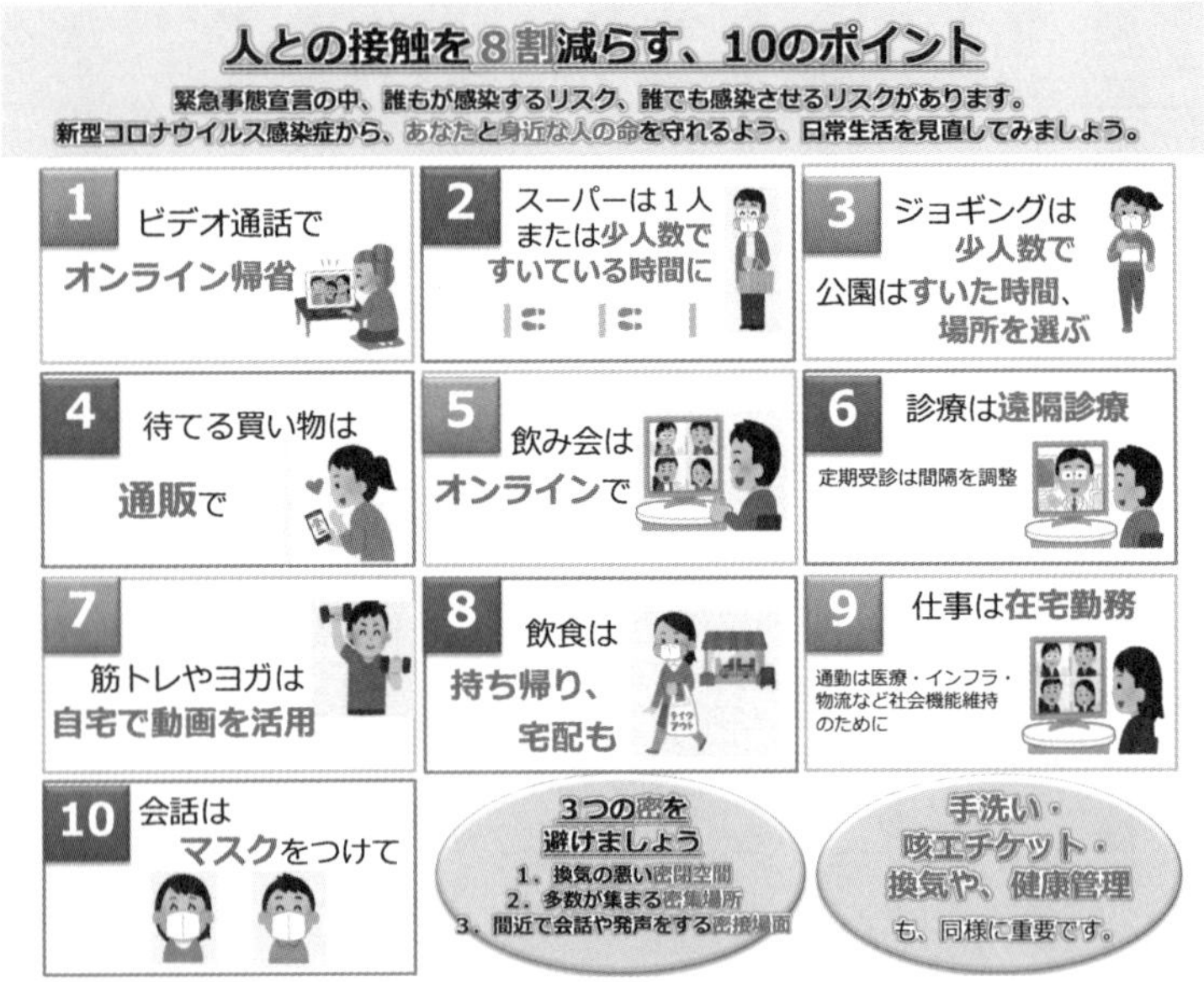
人との接触を8割減らす、10のポイント
緊急事態宣言の中、誰もが感染するリスク、誰でも感染させるリスクがあります。
新型コロナウイルス感染症から、あなたと身近な人の命を守れるよう、日常生活を見直してみましょう。
1 ビデオ通話で オンライン帰省
2 スーパーは1人 または少人数で すいている時間に
3 ジョギングは 少人数で 公園はすいた時間、場所を選ぶ
4 待てる買い物は 通販で
5 飲み会は オンラインで
6 診療は遠隔診療
定期受診は間隔を調整
7 筋トレやヨガは 自宅で動画を活用
8 飲食は 持ち帰り、宅配も
9 仕事は在宅勤務
通勤は医療・インフラ・物流など社会機能維持のために
10 会話は マスクをつけて
3つの密を 避けましょう
1. 換気の悪い密閉空間
2. 多数が集まる密集場所
3. 間近で会話や発声をする密接場面
手洗い・ 咳エチケット・ 換気や、健康管理 も、同様に重要です。

（出所）厚生労働省.

ここまで見てきたように、日本の感染症対策は、基本的には人々の行動変容を促すための情報提供と望ましい行動規範の普及という手法を取ってきた。その際、提唱された行動様式を守らないことに対する罰則は基本的にはない。逆に言えば、法的な強制力がないため、専門家会議は、専門家の報告文であるにもかかわらず、市民に直接呼びかける文章を掲載して、行動変容を呼びかけるしか方法がなかったともいえる。

4 行動経済学的なメッセージ

感染予防行動に関するナッジメッセージ

専門家会議が用いてきたメッセージは、行動経済学的知見に基づいて作られている。まず、新型コロナウイルス感染症に対して行動変容をしてもらう理由には、そうすることで「人の命を守ることができる」という利他的メッセージを用いていることである。感染症予防という意味では、「自分の命を守ることができる」という利己的メッセージの方が効果的なように思えるかもしれない。しかし、今までになされた研究では利他的メッセージの有効性が示されている。[1] ここでは、佐々木周作、黒川博文と行った感染予防を促進するメッセージの研究を紹介しよう。[2]

行動経済学的メカニズム

メッセージを作成する上での、行動経済学的な分析としては、次のような感染の特性に留意した。人々が新規陽性者数を感染リスクの代理指標としている場合、感染拡大期には感染リスクを過小評価することが問題になる。また、感染しても無症状や症状が軽いことを前提に行動し、周りの人への感染リスクを考慮しない行動をすることが問題になる。

したがって、行動変容を引き起こすためには、次の2点が重要になる。第一は、感染リスクに気づかせて、どのような感染対策をするべきかという情報を提供することである。第二は、自分が知らないうちに人に感染させてしまうという負の外部性をもたらす可能性に気づかせることと、そのための具体的対策に関する情報提供である。健康行動モデルとして知られるヘルスビリーフモデルでは、感染の可能性や疾病の深刻さが感染の脅威として認識され、その脅威を避けるための感染対策をするメリットとデメリットを比較して、メリットが大きいと感染対策を取ると考えられている。この考え方は、経済学の合理的意思決定モデルと基本的には同じである。通常の疾病対策では、第一の自分の感染リスクや疾病被害を避けることだけを考えることになるが、感染症の場合は、第二の人に感染させるという負の外部性を認識させることが重要である。

ナッジの戦略

具体的なメッセージ作成戦略としては、「手洗い、マスク、3密回避」という感染対策を提示する。その行動変容を引き起こすために、利得の強調や損失の強調を考慮したメッセージを用いる。第一に、本人の健康への脅威を示し、感染対策で健康が守られるという利得を示すメッセージを示す。つまり、本人の健康が守られるという利己的利得を強調したメッセージを使う。第二に、本人の他人に感染させてしまうことを防げるという利他的な利得メッセージを用いる。第三に、本人の健康を守るという利己的利得と他人の健康を守れるという利他的利得の両方を示したメッセージを用いる。第四に、感染対策をしないと、他人に感染させて命を危険にさらすという損失を強調したメッセージを用いる。第五に、広く用いられた「ステイホーム」という接触を避けることと利他的メッセージを組み入れたメッセージを用いる。

以上のように、具体的な感染対策という望ましい行動に関する情報提供とともに、人を動機づけるために、自分の健康を守るためという利己的メッセージ、人の健康を守るためという利他的メッセージを提示し、利他的メッセージについては、健康を守るという利得表現と健康を損なうという損失表現の両方を検証する。

介入の内容

2020年4月28～30日に20歳から69歳を対象にインターネット調査で6050人を対象にランダムにコントロールを含め6つのメッセージを提示する介入を行った。その際、メッセージ提示後に、感染対策と人との接触行動に関する行動意図を調査した。さらに、同一対象者を3回にわたって追跡し、毎回、同じ情報提供を行うと同時に、過去1週間の行動を質問し、メッセージを受け取った後の行動意図を調査した。第2回の調査は5月8～12日、第3回の調査は6月8～12日、第4回の調査は7月28日～8月3日に行った。分析は最後まで回答した4241人を対象に行った。

具体的なメッセージは、次のとおりである。

（A）コントロール：感染を防ぐには、「人との接触を減らすこと」「密閉空間・密集場所・密接ます。

（B）利己・利得：新型コロナウイルス感染症は「あなた自身への深刻な脅威なのです」。感染を防ぐには、「人との接触を減らすこと」「密閉空間・密集場所・密接場面という『3密』を避けること」「手洗いをすること、マスクをすること」が有効だとされています。あなたが外出をやめ、『3密』を避け、手洗いやマスクをすることで、あなた自身の命を守れます。

（C）利他・利得：新型コロナウイルス感染症は「あなたの身近な人への深刻な脅威なのです」。感染を防ぐには、「人との接触を減らすこと」「密閉空間・密集場所・密接場面という『3密』を避けること」「手洗いをすること、マスクをすること」が有効だとされています。あなたが外出をやめ、『3密』を避け、手洗いやマスクをすることで、身近な人の命を守れます。

（D）利他・損失：新型コロナウイルス感染症は「あなたの身近な人への深刻な脅威なのです」。感染を防ぐには、「人との接触を減らすこと」「密閉空間・密集場所・接場面という『3密』を避けること」「手洗いをすること、マスクをすること」が有効だとされています。あなたが外出をしたり、『3密』の場所に行ったり、手洗いやマスクをしなかったりすることで、身近な人の命を危険にさらします。

（E）利己＋利他・利得：新型コロナウイルス感染症は「あなた自身とあなたの身近な人への深刻な脅威なのです」。感染を防ぐには、「人との接触を減らすこと」「密閉空間・密集場所・密接場面という『3密』を避けること」「手洗いをすること、マスクをすること」が有効だとされています。あなたが外出をやめ、『3密』を避け、手洗いやマスクをすることで、あなた自身と身近な人の命を守れます。

（F）シンプル・利得：新型コロナウイルス感染症は「あなたの身近な人への深刻な脅威なのです」。感染を防ぐには、「人との接触を減らすこと」「密閉空間・密集場所・密接場面という『3密』を避けること」「手洗いをすること、マスクをすること」が有効だとされています。家にいてください。あなたの身近な人の命を守れます。

介入の結果

Cの利他・利得メッセージのみが、実際の人との接触を引き下げることに効果があった。しかし、その効果は最初にメッセージが提示された後の第2回の調査までで、その後の行動変容は観察されなかった。一方、行動変容の意図については、もともと接触回避行動をしていなかった人々について、Cの利他・利得メッセージは、第4回の調査まで継続的に影響を与えていた。少なくとも利他・利得フレームのナッジメッセージは、行動意図には長期的にも馴化が観察されないが、接触回避行動には結びつかなくなる。

政策的な示唆

本研究結果の政策的な示唆は、次のとおりである。人との接触削減という行動変容を勧める際のメッセージとして、本人の感染対策として有効ということよりも、周囲の人の命を守ることができるという利他・利得メッセージを用いることが有効である。また、繰り返し使うことの長期的効果は小さいが、少なくとも行動変容の意欲の向上については、このタイプのメッセージは馴化しにくい。

利他的メッセージの有効性

なぜ、利己的メッセージよりも利他的メッセージが有効なのであろうか。第一の可能性は、多くの人は、ある程度の利他性を持っているので、自分の行動で人の命が助かるということであれば、その行動を喜んで取りたいと思っているが、感染予防をしていなかった人は、その行動が人のためになるということに気がついていないというものだ。子どもや高齢者と同居している人は、普段からインフルエンザにかからないように気をつけているので、利他的メッセージを受け取ったからといって、行動は変化しないだろう。しかし、利他性はあるけれど、自分の行動が人に迷惑をかける可能性に気がついていなかった人は、利他的メッセージによって行動を変化させる可能性がある。

第二の可能性は、本人には利他性がなくても、利他的メッセージで行動変容する可能性である。

利他的メッセージで、周囲の人がこうした行動規範を取らない人を社会規範から外れていると見なすようになることを本人が予想すれば、社会規範から外れた人と見なされることによる損失を考慮して、社会規範に従うようになる。

第三の可能性は、利己的メッセージであれば、自分だけは感染しないという自信過剰バイアスあるいは楽観バイアスや、自分は大丈夫という正常性バイアスによって、感染症対策を取らない可能性である。利他的メッセージであれば、自分は大丈夫かもしれないが、周囲の人はそうでもない、ということになるので、自信過剰バイアスがあっても人は行動変容をすることになる。

専門家会議の提言では、あまり用いられなかったが、人々の行動変容を促進するために脅威メッセージを用いることもある。「行動制限をしないと42万人死亡」という試算をもとに、人々の行動変容を迫る手法である。金銭的インセンティブでも罰金と補助金が同じ効果を持つように、情報の伝え方も、「人の命を救う」という利得メッセージと「42万人死亡」という損失メッセージの両方がある。行動経済学では、人々は損失をより大きく嫌うという損失回避があるので、損失メッセージが効果的だと一般的には考えられてきた。しかし、恐怖という損失を用いた表現には問題点も指摘されている。

強い脅威メッセージは、人々がそれを避けることが自分でコントロール可能であると感じた場合に限って、行動変容につながるとされている。逆に、自分ではあまり有効な対策がないもとで脅威メッセージを受けると、行動を変化させないことになる。もう一つの問題は、楽観性バイアスを引き起こすことである。恐怖を感じても自分だけは大丈夫という楽観性バイアスのために、行動変容につながらないのである。

脅威メッセージの特性は、恐怖感情によって、人々の関心がより恐怖に関する情報に集中するようになり、より重要な感染確率などの数的情報を無視してしまうようになることである。メディアで感染者数や死亡者数だけを報道すると、感染リスクを過剰に恐れるようになる可能性もある。

また、ネガティブなメッセージは、瞬時的には大きな効果があることが観察されているが、中・長期的な影響は小さいという研究結果もある。豪雨災害の際に「あなたが避難することは、周囲の人の命を救うことになります」というメッセージと「あなたが避難しないことは、周囲の人の命を危険にさらします」というメッセージでは、後者の方が避難意思を持つ人が多かった。しかし、8カ月後に、避難計画を立てていたり、避難準備をしていたのは、前者のメッセージを受け取った人であった。[3] 同様のことは、新型コロナ感染症対策の呼びかけメッセージでも観測されている。メッセージの直後では、「3密を避けないと、身近な人の命を危険にさらします」というメッセージは、行動変容の意識を高めるのに効果的だった。しかし、事後的に行動変容をしていたのは「3密を避けることで、身近な人の命を守れます」というものであった。

ネガティブメッセージとポジティブメッセージとでは、短期的に強い効果を持つものか、長期的に教育効果を持ちやすいものなのか、という点で異なる可能性がある。しかし、この点については、まだ研究の蓄積が十分にない。

ただし、行動変容を進める上で、行動変容そのものに損失を感じさせないような工夫は必要である。「10のポイント」では、「○○を控えて」という表現を用いないようにしてある。それは、「○○」というもともとしたかった行為を記述することで、人々はそれを比較対象としてしまい、それよりも劣位の行動を推奨されていると感じてしまう。それを避けることで、暗黙の比較対象を「何もしない」という最悪のものにして、推奨すべき行動を提示することで、同じ行動をポジティブなものとして意識させるように工夫している。

新型コロナワクチン接種促進に関するナッジメッセージ

新型コロナ感染症対策としては、ワクチン接種が一番有効な方法である。日本では、ワクチンの接種開始が遅れたが、２０２１年5月から、65歳以上の高齢者への接種が始まった。重症化リスクの高い高齢者のワクチン接種率を高めることは、医療提供体制の逼迫を緩和し、感染による死者数を大きく減少させることにつながるので、非常に重要である。そこで、高齢者のワクチン接種希望が、情報提供によってどのような影響を受けるのか、どのようなナッジメッセージが有効なのかを明らかにすることが重要である。佐々木周作、齋藤智也両氏とともに私が行った研究を紹介しよう。[4] この研究では、2回のオンラインアンケート調査を用いて、ワクチンに関する様々な情報提供を行った際のワクチン接種意欲を支払意思額で計測している。アンケート調査は、

第1回は、2021年1月18～22日の5日間で実施し、第2回は2021年3月16～18日の3日間で実施した。どちらもインターネット調査会社の登録モニターを対象とした。仮想的実験質問を使用して、新型コロナの発症予防ワクチンに対する支払意思額を測定している。ここで、支払意思額とは、ワクチン接種に対して支払ってよいと考える上限の金額のことである。第1回調査では、性別・年齢・居住地域の観点において住民基本台帳の人口分布と一致するように割り付けを行い、回答データを回収した。第2回調査では、早期に接種対象となる高齢層標本（65～74歳）と遅れて接種対象となる若年層標本（25～34歳）に着目し、性別・年代の観点から標本数が均等になるように回収した。

感染状況とワクチン接種の進捗別の接種意向

まず、特に状況を設定しないで、無料で接種の機会があった際にワクチン接種の意向の有無と支払意思額を計測した。その次に、同一回答者に対して「新規感染状況」や「接種の進捗状況」に関する条件をランダムに追加しながら、それぞれの状況における接種意向を質問した。新規感染状況としては、「新規感染者数は減少傾向にあり、低水準で推移しています」というものと「新規感染者数は増加傾向にあり、高水準で推移しています」という設定がある。一方、接種の進捗状況については、「日本に住むあなたと同年代の10人中1人が、すでにこのワクチンを接種しています」と「日本に住むあなたと同年代の10人中5人が、すでにこのワクチンを接種しています」

という設定がある。回答者は、状況設定がない場合の後、感染状況と接種の進捗状況がそれぞれ2通りの合計4通りの場合の接種意欲を回答した。さらに、このワクチンが、感染症の発症予防効果だけを持つ場合と感染予防効果も持つ場合という設定でも調査した。

主な結果は、次のとおりである。高齢者の発症予防ワクチンに対する支払意思額の平均値は2016・5円で、高齢回答者の76・4%（10人中7〜8人）はこのワクチンが無料提供されれば接種すると答えた。接種意向の強さは状況に応じて変化するものの、どの状況でも接種〝する〟意向自体は持っている高齢回答者が多数派であることを示した。具体的には、高齢回答者の接種意向は、新規感染者数が減少傾向にあって感染状況が落ち着いているときや、同年代の接種がまだ進んでいないときに低下する傾向がある。両方の条件が重なる状況の「無料提供時に接種する割合」や「支払意思額」は、それらの条件がつかないベースラインや他の状況に比べて最も低くなっている。逆に、新規感染者数が増加したり、同年代の接種者の割合が高まったりする局面で接種意向は上昇する。後者の結果は、自分の接種行動が他人の接種を促す、正のピア効果を持つ可能性を支持する。これらの結果は、ワクチンが発症予防効果という設定でも感染予防効果という設定でもほとんど変わらなかった。

行動経済学的メカニズム

ワクチン接種を促進するには、接種の意思決定の背景を考える必要がある。ワクチン接種することの便益は、新型コロナウイルスに感染しない、感染しても発症しないという利己的便益、自分が感染しないので人にも感染させない、感染したとしても重症化しないので医療機関の逼迫を招かないため他の重症者の命を守れるという利他的便益がある。また、ワクチン接種が社会規範になっている場合、接種することで社会的イメージを上げることができるというのも便益に挙げられる。一方、金銭的・非金銭的費用としては、接種による副反応による非金銭的費用、副反応で仕事を休むことによる金銭的費用、接種会場までの時間、接種予約にかかる時間などがある。

高齢者にとっては、利己的便益が大きい一方、接種手続きの費用、副反応の非金銭的費用が大きい。若年者にとっては、利己的便益はほとんどなく、利他的便益が利得の中心である。若年層にとっての費用は、副反応の非金銭的費用に加えて、仕事を休むことによる金銭的費用、接種にかかる金銭的費用が大きい。

したがって、行動変容を促すためには、利己的便益、利他的便益、社会的イメージを想起させる社会規範を強調し、副反応に関して正しい知識を伝えることが必要になる。

ナッジの戦略と介入

第1回調査の戦略と結果

第1回の調査では、利己的な便益と利他的な便益を強調するナッジメッセージの検証も行った。具体的には、利己的な便益を強調するものとして、発症予防効果のワクチンの際には「ワクチン接種は、あなたを発症や重症化から守ります」を用い、感染予防効果も持つワクチンの際には「ワクチン接種は、あなたを感染から守ります」を用いた。利他的な便益を強調するものとして、発症予防効果のワクチンの際には「ワクチン接種は、病床数に余裕をもたらし、人の命を救うことにつながります」を用い、感染予防効果も持つワクチンの際には、「ワクチン接種は、感染流行を抑制し、多くの人の命を救うことにつながります」を用いた。しかし、これらのメッセージは、接種意向にも支払意思額にも影響を与えなかった。

第2回調査の戦略と介入

第1回の調査で接種状況の進捗が影響を与えていたことを踏まえて、第2回の調査では、第1回の調査結果を利用した社会規範メッセージの接種意向と支払意思額の効果検証を行った。用いたメッセージは次の3種類である。

A　社会比較メッセージ:「あなたと同じ年代の10人中7~8人が、このワクチンを接種すると回答しています。」

B　利得フレームの社会的影響メッセージ:「ワクチンを接種した人が増えると、ワクチン接種を希望する人も増えることが分かっています。あなたのワクチン接種が、周りの人のワクチン接種を後押しします。」

C　損失フレームの社会的影響メッセージ：「ワクチンを接種した人が増えると、ワクチン接種を希望する人も増えることが分かっています。あなたがワクチンを接種しないと、周りの人のワクチン接種が進まない可能性があります。」

介入の結果

ナッジメッセージを入れないワクチンの科学的根拠だけを提示したベースラインでは、高齢者の84・4％が接種を希望しており、平均支払意思額は427・1円であった。第1回目の調査よりも接種希望が増えていたのは、医療従事者への接種が始まっていたからだと考えられる。一方、平均支払意思額は第1回調査よりも大幅に下がっているのは、もともと接種の支払意思額がマイナスだった人が接種希望に変わった効果と副反応の可能性をメッセージに明記したことが影響していると考えられる。

ナッジメッセージの効果としては、次のことが明らかになった。第一に、「あなたのワクチン接種が、周りの人のワクチン接種を後押し」することを伝える利得フレーム・メッセージは、ワクチン接種を受けるつもりのなかった高齢回答者の意向を強め、接種希望者数を増やす効果を持つ。第二に、「あなたがワクチンを接種しないと、周りの人のワクチン接種が進まない」という損失メッセージや、「同じ年代の10人中7～8人がこのワクチンを接種すると回答している」ことを伝える社会比較メッセージは、もともと接種を受けるつもりの高齢層の意向をさらに強化する。同時に、損失メッセージが人々に精神的な負担をかけてしまう可能性や、社会比較メッセージが接種を受けるつもりのなかった高齢回答者には意向を弱める方向に作用する可能性も示唆された。

第三に、これらのナッジメッセージは、若年層の接種意向に対しては一切の促進効果を持たない。ただし、Tanaka, Nihonsugi, Ohtake, Haruno（2021）では、若年層には社会的規範型のナッジメッセージが効果量は小さいが統計的に有意に接種意欲を高めることを示している。(5)

政策的な示唆

高齢者のワクチン接種意欲を高めるには、「あなたのワクチン接種が、周りの人のワクチン接種を後押しします」という社会的影響を強調するナッジメッセージが効果的である。「同じ年代の10人中7〜8人が、このワクチンを接種すると回答しています」という社会規範型のメッセージは、もともと接種意欲がある人の接種意欲を高めることに貢献する。これは若年層でも似ている。

今までの研究では、ワクチンの効能が主に発症予防効果であるという前提で行われてきた。しかし、ファイザー製およびモデルナ製のｍＲＮＡワクチンにはデルタ株までは感染予防効果があるという研究報告が多かった。感染予防効果があれば、それを強調したメッセージを使うことで利他的動機や社会的イメージをより刺激できる。ここで紹介した研究から明らかなように、金銭的報酬を受けると接種する人の数が増えることも明らかなので、接種に伴う金銭的・非金銭的報酬を検討することも必要になる。例えば、接種者の接種番号をもとに宝くじを設定する、接種者にはGoToトラベルが再開された際にポイントを付与するなどの報酬を設定するのである。

5 効果的なメッセージの検証

本章では、日本の新型コロナ感染症対策において、どのように行動経済学的な考え方が使われてきたか、感染予防対策やワクチン接種を促進するナッジメッセージとしてどのようなものが有効か、について議論した。感染症予防をするためには、市民の行動変容が鍵である。一度限りの行動変容ではなく、継続的な行動変容をもたらすことが、感染症対策では必要になる。本研究で明らかにされたことは、感染対策を促進するためには、利他的なメッセージで利得フレームを用いることが効果的であること、高齢者のワクチン接種を促進するためには、自分の行動が他人の接種を後押しするという社会的影響を利得フレームで強調することが効果的であることを示した。一方で、感染対策やワクチン接種意図は、状況によって大きく変動する可能性や個人間の異質性も大きい。効果的なメッセージを迅速に検証しながら使っていくことが必要だと考えられる。

（大竹文雄）

第5章

感染症対策としての手指消毒

【本章のポイント】

- エビデンスはあるのに手指衛生を遵守できない。
- 行動を修正することで「変えられない過去」との間に生まれる認知的不協和。そしてそれを癒す鎮痛剤としての俺たち例外主義。
- 熟慮を支援するというよりも、選択を促進する技術としてのナッジ。
- 新型コロナウイルス感染症の感染状況よりも情報によって変化する手指衛生遵守率。

小学生A「なにあれ?」
小学生B「イタリアのローマにあるやつちゃうん? 手ぇいれて記念撮影するやつ。」
小学生A「あ、ほんまや。真実の口や!」
小学生B「ほな、うちらも手ぇ入れてみよか。」
小学生A「オモロそうやな。やってみよか。」
小学生B「そういうたら、横に消毒剤が出るって書いてあるわ。」
小学生A「あっ! なんか出てきた。ホンマに消毒剤出てきたやん! オモロー」

1 手指衛生の歴史

「感染」の前に「消毒」を見つけたゼンメルワイス

医療者の手で感染症が広がることを最初に記述したのは、ハンガリー出身の産婦人科医ゼンメルワイス・イグナーツだとされている。正確には、ゼンメルワイスが見つけたのは、医療者の手で「死」が運ばれてくるという疫学的事実であり、この時代にはまだ微生物が感染症(として理解されることになる一群の疾患)の原因であること自体が分かっていなかった。

1847年、ゼンメルワイスはウィーン大学の附属病院に赴任する。その病院には、医師が分娩を取り仕切る第一産科と助産師が取り仕切る第二産科の2つの産科があった。ゼンメルワイスは、2つの産科病棟の間で、妊産婦の死亡率（その多くは産褥熱によってもたらされた）が16％vs.7％と著しく違うことに気づく[1]。

死亡率が高い病棟では、医師や医学生がしばしば解剖室から直接やってきて出産の介助にあたっていた。分娩室に入る前に石鹸を使って手を洗ってはいたが、解剖によって付いた耐え難い悪臭が彼らの手から消えることはなかったという。

ゼンメルワイスは「死体由来の微粒子」（cadaverous particles）が医師や医学生の手によって運ばれ、それが産褥熱の原因になっているのではないかと考えた。これはロベルト・コッホが炭疽菌や結核菌の研究によって細菌の病因論を確立する30年以上前の話である。

ゼンメルワイスは自らの仮説を証明するため、解剖室を出る時と患者に接触する前に塩素化石灰（次亜塩素酸カルシウム）の溶液で手を消毒することを求めた。「感染」の概念が確立する以前に、「消毒」を発見するというのは天才だからこそなせる業だが、その結果、確かに死亡率は3％にまで低下したのである。

これがよく知られた手指衛生誕生のエピソードである。〝消毒〟に用いるのが、塩素化石灰溶液ではなく塩水や牛乳であったならさらに多くの命が失われ続けただろう。

ホームズの先見

実は、ほぼ同時期（実際にはゼンメルワイスの6年前）のアメリカ、マサチューセッツ州ボストンで、オリバー・ウェンデル・ホームズという医師が、「産褥熱は医療者の手を介してもたらされる」という全く同じ仮説を打ち立てている。[2] ホームズもゼンメルワイスと同様に、解剖と産褥熱との関連を疑うところから「伝染」（contagion）の確信を持った。

二人に共通するのが、ある経験である。それは、それぞれの同僚の医師が、産褥熱で死亡した褥婦の解剖中に誤って自分の手を切ってしまい、そこからほどなくして産褥熱とよく似た症状で亡くなったのだ。このような偶然にも共通する悲劇体験から、産褥熱の「伝染」という現象を見出し、そしてそれを運ぶ未知の粒子の存在を推論するに至ったものだと考えられる。

二人がそれぞれ別個に自説を打ち立てたのは１８４０年代のことだが、大西洋の両岸でこの説が受け入れられるようになるまでには、１８６０年代、70年代を通してのリスター、パスツール、そしてコッホの業績を待たなければならなかった。[3]

この間、ゼンメルワイスは、変人扱いされ、職を失い、牢獄に閉じ込められ、監視人に撲殺されるというこれ以上ないみじめな最期を迎えた。一方のホームズはハーバード大学の医学部長として華やかな医学者人生を全うしたが、その過程では、産褥熱の感染症説に対する苛烈な論争に巻き込まれたようだ。

ホームズの論敵であったチャールズ・メイグスは以下のように述べたと伝わっている。

「ドクターはジェントルマンである。そして、ジェントルマンの手はクリーンなものだ」と。[4]歴史が教えるとおり、最終的にはゼンメルワイス／ホームズ組の正しさが証明され、産褥熱は微生物を原因とした感染症であることが今日の常識となった。今日となっては非業の死を遂げたゼンメルワイスの名誉も回復されたはずだが、実は今もチャールズ・メイグスの亡霊のような医療者が少なくない。

2 医療機関における手指衛生

ゼンメルワイスやホームズの業績から170年以上たった現代にあっても手指衛生が、社会、そして医療現場に十分浸透しているとは言い難い。この間、皮膚の細菌に関する微生物学的理解は進み、レジデント・フローラ（近時の用語では〝フローラ〟の代わりに〝マイクロバイオータ〟という）と呼ばれる一群の細菌が皮膚角質層下を中心に常在していることが明らかにされた。[5][6]また、より実証的に手指衛生によって院内感染の発生が抑えられることが繰り返し証明されている。[7][8][9]2009年にはWHOから手指衛生に関する包括的なガイドラインが出され、医療現場で手指衛生が必要な5つの場面（患者に触れる前、清潔・無菌操作の前、体液暴露の可能性がある場合、患者に触れた後、患者周囲の物品に触れた後）が定められた。[10]

にもかかわらず手指衛生は医療者の間で十分に遵守されていない。依然として、院内感染対策の現場では「いかに職員に手を消毒させるか」が大きな課題となり続けている。日本の医療現場における比較的近時の報告を参照しても、「必要な場面」での手指衛生遵守率は、3〜38％となっており、「遵守」からは程遠い数字が目立つ。(11)(12)(13) 感染対策の現場に立つ筆者から見ても、これらの数字は平均的な日本の医療機関の水準であるように思われる。

医療者にいかに手指衛生を遵守させるかという課題に対する伝統的アプローチは、これまでに積み上げられたエビデンスを示し、教育し、モニター（監視）し、フィードバックするというものであった。個別の事例研究において、これらの伝統的な取り組みの有用性が示されることも確かにある。しかし、今日においてもそのような研究が繰り返され続けていることそのものが示しているのは、むしろ「いつまでたっても手指衛生が根付いていない」という事実であると言うべきだろう。

3　手指衛生不遵守のメカニズムについての社会心理学的説明

疫学的に手指衛生の有効性を示しても、微生物学的に人の手が病原体を媒介するリスクを説明しても、手指衛生という基本動作を医療者に習慣づけることは簡単ではない。21世紀の医療現場において、手指衛生を説くことで牢獄に追いやられることは流石になくなったが、それでも院内感染対策の担当者が感じているある種の疎外感、徒労感はゼンメルワイスが170年前におそらく感じたであろうものとそれほど変わらない。感染対策の担当者が手指衛生の有用性に関するエビデンスを一生懸命説いても、少なくない医療者には馬耳東風、伝え方を誤れば反発を招くことさえある。

なぜこのようなことが起こるのか。まず重要なのは、微生物が肉眼では見えないほど小さいという物理的事実である。因果関係をデータで示しても、目の前でそれが確認できなければ、直観に頼って理解することができない（あるいは、しなくて済む）。これは「新型コロナウイルスを肉眼で見た人はいないので新型コロナウイルスは存在しない」という2020年前半に時々見かけた主張にも通じる問題である。このような主張は一見するとトンデモ言説のようにも思えるが、きちんと反論しようとすると実は案外難しい。ウイルスや細菌のような微生物が存在しているということを確認し、そして皆で合意するということはそんなに簡単なことではない。存在、概念、認識、そして直観は昔からあまたの哲学者を悩ませてきた主題だが、現代の我々にとってもその難しさの本質はあまり変わっていない。テクニカルな議論は横に置くとしても、医療者の手と院内感染を原因と結果という因果関係でつなぐためには、ひとまず肉眼で確認できない事象について抽象的に思考することが必要になる。抽象的な思考にはその行為自体に煩わしさというコストがつく。そして、その煩わしさを乗り越えて理解する内容は、少なくない医療者にとって（これまで手指衛生を遵守せずに診療してきたという）従来の日常的診療動作に問題があったことを示すことになる。これは社会心理学者が「認知的不協和」と説明する状態を引き起こすものである。

このことを、以下のような図式に分解して解説する。

認知1：手指衛生を遵守せずに診療を行う。
認知2：手指衛生を遵守しないと、院内感染が増える。

この2つの認知はまともな職業的倫理を備えた医療者にとっては整合しないものである。2つの認知が整合しないことを「不協和である」という。レオン・フェスティンガーが提唱した認知的不協和理論によれば、人は（医療者に限らず）認知的不協和をそのまま放置することができない。何らかの形で不協和を解消しようとする。

不協和の解消の仕方には以下のようなものがある。

認知3（認知1の変更）：手指衛生を遵守して診療を行う。
認知2：手指衛生を遵守しないと、院内感染が増える。

こうすれば認知3と認知2は整合する。これが感染対策上〝最も望ましい〟不協和の解消法だが、問題が一つある。以下のような新たな認知的不協和を生むのである。

認知4（手指衛生遵守という行動変容によって呼び起こされる認知）：これまで手指衛生を遵守して診療してこなかった。

認知5（認知2の演繹）：手指衛生を遵守してこなかったことで、院内感染を起こしていた。

これも（倫理的）医療者にとっては不協和だが、過去のことなので認知4の手指衛生という行動の認識そのものを変えることは難しい。錯覚を持ち出して「実は手指衛生と同等のことをしていた」と思い直すということも理論上は可能だが、そこまで都合よく過去の事実に関する認識を変更するほど人は厚顔無恥になれない。さすがに良心が痛む。この修正は心理的にコストのかかる修正であり、現状維持バイアスという外形的な現象の内的メカニズムと見ることもできる。

そこで次のような不協和解消の裏技が出てくる。

認知1：手指衛生を遵守せずに診療を行う。

認知6（認知2の変更）：手指衛生を遵守しないと院内感染が増えるという知見もあるらしいが、自分には当てはまらない。

これは「俺たち例外主義」と筆者が呼んでいる思考の態様であり、自分の手に付いている微生物が目視でパッと確認できないという物理的事実によって支えられている。

結局のところ、認知的不協和を解消するためには、認知1（自らの行いに対する認知）を変更するのか、認知2（手指衛生の効果に関する科学的知見に関する認知）を変更するのかのどちらかになる。

認知1の変更という最初の解消手段が、過去の行動に関する認知的不協和を新たにもたらしてしまうのに比べて、認知2の変更にはそれがなく過去も現在も肯定してくれる。このような心理過程をたどる人にとっては、手指衛生に関する知識をどれだけ教育したところで、俺たち例外主義の壁に跳ね返されてしまう。言い換えれば、俺たち例外主義は、科学的知見に関する教育の効果を無効化することで、認知的不協和を解消する魔法である。

このことを反証的に示すものとして、院内感染を経験した医療機関の手指衛生遵守率が平均的な水準よりもはるかに高くなるという感染対策の担当者の間では広く知られた事実がある。これは、まさしく自分たちが「例外」ではないことを身をもって経験したためと考えられる。

4 手指衛生のナッジ

手指衛生遵守を向上させるためのものとして、知識を教えるという従来の方法ではないアプローチが必要である。その一つとして、2018年に大阪大学医学部附属病院（阪大病院）で実施した「手指衛生〝真実の口〟キャンペーン」を紹介する。これは病院の来訪者を対象にした取り組みであり、医療者を対象としたものではない。キャンペーンのもともとの目的は、来訪者によってインフルエンザ等の病原体が院内に持ち込まれるのを防ぐことであったが、対象者に行動変容をもたらす技術として解釈することもできる。ほとんどが非医療者である病院来訪者を対象とすることで、この取り組みの効果の一般化可能性も高まる。医療者は、その所属する医療機関の職業的文化等によって手指衛生に関する予備知識や遵守の程度に大きなばらつきがある。言い換えれば、阪大病院での効果が他の医療機関の医療者に当てはまるかどうかに関する保証がない。

キャンペーンの概要

オードリー・ヘプバーンとグレゴリー・ペックが共演した往年のアメリカ映画『ローマの休日』で有名な〝真実の口〟を模した手指消毒装置（図5―1）を病院1階のエントランスホールに設置した。真実の口に手を入れると、装置内に置かれた自動ディスペンサーからアルコールジェルが噴

図5-1　真実の口の手指消毒装置

（注）真実の口を模した手指衛生装置のアイデアは，大阪大学大学院経済学研究科の松村真宏教授のゼミの中から出された．松村教授は，行動経済学の実用的側面に着目した仕掛学という独自の学問領域を展開しているユニークな研究者だ．行動経済学の感染対策への応用について，筆者が大阪大学の大竹文雄教授に相談を持ち掛けた際に松村教授を紹介いただいた．真実の口の装置は松村教授らがテレビ局とショッピングモールを舞台に行った実験の際に使われたものをそのままお借りした．
（出所）筆者撮影．

射される仕組みである。この手指衛生剤の横には、手を入れると手指衛生のためのアルコールジェルが出るというポスターも掲示した。真実の口に手を入れるという行為は、ネタ元の映画でも有名なシーンだが、ローマを訪れる観光客の定番としてよく知られている。

平日の午前中の1時間の病院来訪者数を分母とし、そのうち玄関に設置された手指衛生剤を使用した数を分子とした割合を遵守率として測定した。真実の口を設置する以前は、ホールの柱前の机に手指衛生剤が置かれ、手指衛生を呼び掛けるポスターが掲示されていた（図5－2）。測定は10mほど離

図5-2　従来の手指衛生剤の置き方（コントロール）

（出所）筆者撮影.

れた場所から直接観察で行った。真実の口を設置した2週間後に、メディアに対しプレスリリースを行い、テレビ、新聞、ラジオ等で取り上げられた。真実の口はその後2カ月間設置した後に撤去した。それぞれ、真実の口を設置する前（コントロール）、設置後、報道後、撤去後に分けて集計した。このキャンペーンは2018年、すなわち新型コロナウイルス感染症の流行以前に行われた。

キャンペーンの結果

合計で3万3362回の観察機会があった（コントロール：5981、真実の口設置後：2358、報道後：2万766、撤去後：4257）。それぞれの遵守率は図5-3に示す。コントロールと比べて、真実の口設置後、報道後、撤去後といずれにおいても遵守率は有意に上

図5-3　手指衛生の遵守率

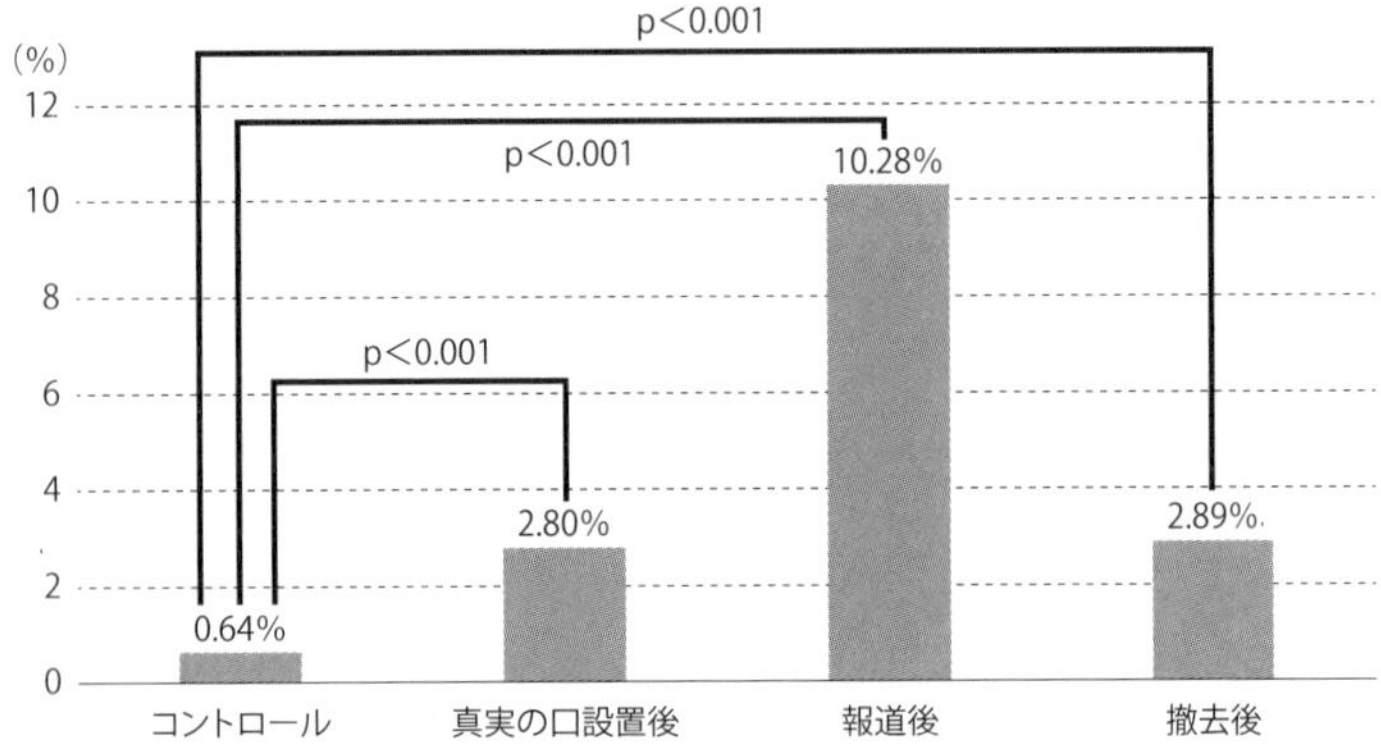

(注) p＜0.05で統計的に有意な差があるとした.
(出所) 筆者作成.

昇した。

真実の口を設置する以前は、1%以下の遵守率しかなかった。ほとんどの来訪者は手指消毒剤に一瞥をくれることもなくその横を通りすぎて行った。真実の口を設置すると、多くの来訪者がその存在に気づく様子を示したが、そこから実際に真実の口に手を入れ手指消毒する来訪者は少数にとどまった。この頃の遵守率は2・8%であり、これはコントロールと比べると統計的に有意であるものの、その効果を十分に実感するには至らなかった。

プレスリリースした当日は、テレビ局や新聞社等から多数の取材関係者が訪れ、大手ニュースポータルサイトのトップページに写真付きで紹介された。また、関西の夕方のローカルニュースではほぼ全ての局で紹介された。その後も、全国ネットのゴールデンタイムのバラエティ番組など、2カ月程度の期間にわたり様々なメディアで取り上げられた。報道直後は20%程度にまで遵守率が上昇したが、その後漸減して10%前後で定常化した。この頃は、来訪者の多くが真実の口があることをあらかじめ知った上で来訪している様子で、ローマにある本家の真実の口と同様に病院に設置された真実の口に手を入れる姿を写真におさめる来訪者も多くあった。また、真実の口を撤去した後に遵守率は3%弱まで急落したが、それでもコントロール（真実の口設置以前）と比べて有意に高い水準であった。

結果の解釈

真実の口の設置およびその取り組みをメディアが取り上げたことで、病院来訪者の手指衛生行動に変化が起こることが観察された。病院来訪者（そのほとんどは非医療者と考えられる）の手指衛生に関する予備知識がこの間に劇的に変動することは考えにくく、遵守率という結果の違いは、対象者の職業的な、あるいは医学的・微生物学的な興味関心に根ざした知識に原因帰属させることができない。真実の口および報道への暴露という状況の力（選択のアーキテクチャ）によってもたらされたと考えられる[14]。これを**ナッジ**の分類で言い換えれば、選択促進型ナッジ[15]ということになる（ただし、今回の真実の口は、仕掛学の実験の中で考え出されたものであり、その意味で本来は〝仕掛け〟と呼ぶのがより正確に開発者らの意思に沿うものではある）。

コントロール（真実の口設置以前）と真実の口設置後（報道前）の遵守率の違い（0・64%→2・80%）は、病院の玄関からその玄関を入ってすぐの場所に設置された真実の口の手指消毒装置を通り過ぎるまでのほんの数秒程度暴露される状況の違いによってもたらされたと考えられる。同時に、手指衛生の装置であることを示すポスターも真実の口のすぐそばに大きく掲示されていたことから、手指衛生の意図を全く持たずに「思わず手を入れてしまった」のではないと考えられる。むしろ、「手を入れて手指消毒をさせよう」という真実の口を置いた側の誘導を理解した上で、「意識的に手指衛生という行動を取った」人の数だけ増加したということになるだろう。遵守率の増加が期待したほど大きくならなかったのは、そのような複数の思考ステップをたどるのには数秒という時間が短すぎた可能性がある。

報道後、遵守率はもう一段上昇した。報道前後の遵守率の違い（2・80%→10・28%）については、来訪者が「病院に設置された真実の口」という状況設定に暴露される機会と実際に手指衛生行動を取るまでの間の期間が延びたことが大きいだろう。つまり病院来訪者は、病院に来る前の段階で、すでに真実の口の取り組みに関する情報を得ており、その情報を咀嚼する時間が十分与えられていた。真実の口という状況設定の意図を理解するための十分な時間的余裕がありさえすれば、手指消毒の遵守という具体的行動が得られやすくなる。これは報道前の遵守率がそれほど上昇しなかった原因が、数秒という時間の短さにあるとの前出の仮説を裏返しにしたものともいえる。

報道後に遵守率がさらに上昇したことについてのもう一つの説明は、メディアを介した同調である。テレビや新聞で取り上げられることで、多数の来訪者が真実の口で手指消毒を行うという予備知識を持って来院することになった。阪大病院に来た際のお決まりの所作として真実の口に手を入れ、その様子を写真におさめていく来訪者も多数見られた。これはローマにある本家の真実の口に手を入れて写真を撮るという観光客の定番ポーズのパロディ（そもそも観光地での所作が映画のパロディなのだが）としての側面があり、多くの人がそのパロディに（分かっていて）乗っかるという遊びをしたのだと考えられる。その際の写真はTwitterやInstagramにも多数投稿され、SNSがこのような同調行動をさらに媒介する役割を果たしたと考えられる。これらの既存メディアやSNSを経由した同調、あるいは（同調と分かった上での敢えての）同調ごっこは、「病院に来たらまず手を消毒しなければならない」という本来の目的とは無関係の動機づけではある。しかし同時に、患者はメディアやその場のポスター等から「手指衛生」という目的についての情報も入手していたはずで、報道という仕込みも込みで〝真実の口〟キャンペーン全体が手指衛生のリマインダーとして機能したと考えられる。その意味では、熟慮支援型ナッジの要素もあったと考えられる。

一方で、一定期間このキャンペーンを実施したことで、来訪者に手指衛生を状況非依存的に習慣づけることはできなかったのかについても考えてみたい。多くの医療機関や手指衛生が必要なその他の場所で同じ取り組みはできない。テレビ局が真実の口の彫像を作ってくれなければ筆者らのキャンペーンも実現しなかった。真実の口という状況の力を借りずとも、手指衛生の習慣化を獲得することが最終的な課題であるが、コントロールと真実の口撤去後の遵守率の変化（0・64

％→2・89％）がその可能性を示している。阪大病院では、これまでもポスターの掲示等で病院来訪者に対する手洗い・手指消毒の呼びかけは行われてきた。また、来訪者は病院外でも手指衛生に関する一般的な知識に触れる機会があったはずだ。しかし実際にはコントロール期間ではほとんどの来訪者は手指消毒を実施しなかったのである。ところが、真実の口撤去後の遵守率は（わずかだが）有意に上昇しており、これはその分だけ阪大病院の来訪者の手指衛生が習慣化したことを示している。手指衛生に関する情報がテレビや新聞というマスメディアを通じて多くの人に届いたという量的な変化と、真実の口という（情報の中身とは無関係の）情報の乗り物の訴求性の両方がもたらした違いであろう。

5 コロナと手指衛生

〝真実の口〟キャンペーンの翌年の2019年秋、阪大病院では動物の足跡で手指衛生を促す取り組みを行った。これは前年の真実の口によるナッジの後継の取り組みであった。その残存効果を測るべく2019年年末から2020年年始にかけて手指衛生の遵守率を測定していたところにコロナがやってきた。

図5-4　病院来訪者の手指衛生遵守率

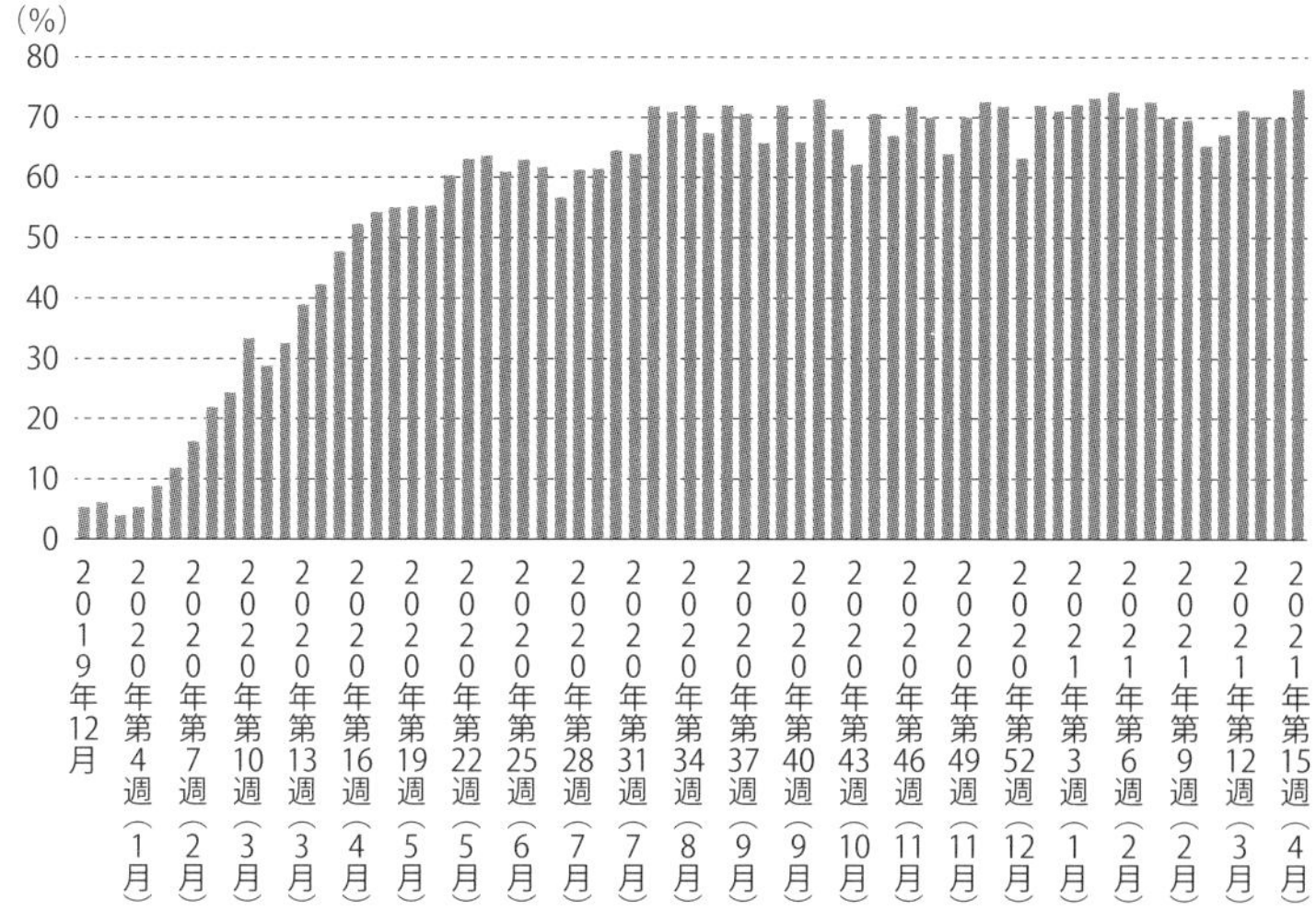

（出所）筆者作成.

コロナによる手指衛生行動への影響

２０１９年12月から２０２１年４月までの阪大病院エントランスホールにおける来訪者の手指衛生遵守率（週ごと）を図５-４に示す。

当初５％前後であった遵守率が２０２０年１月後半から上昇し始め、２月に20％、３月に30％、４月に50％、５月に60％を超え、８月以降は70％前後で推移していることが分かる。

手指衛生遵守率に週ごとの全国および大阪の新規陽性者数を重ねたものが図５-５である。この図を見ると、感染動向だけで遵守率の変化を説明することはできそうにないことが分かる。少なくとも、遵守率が上昇し始めた局面と、ある程度定常状態になった局面

図5-5　病院来訪者の手指衛生遵守率と新型コロナウイルス感染症新規陽性者数

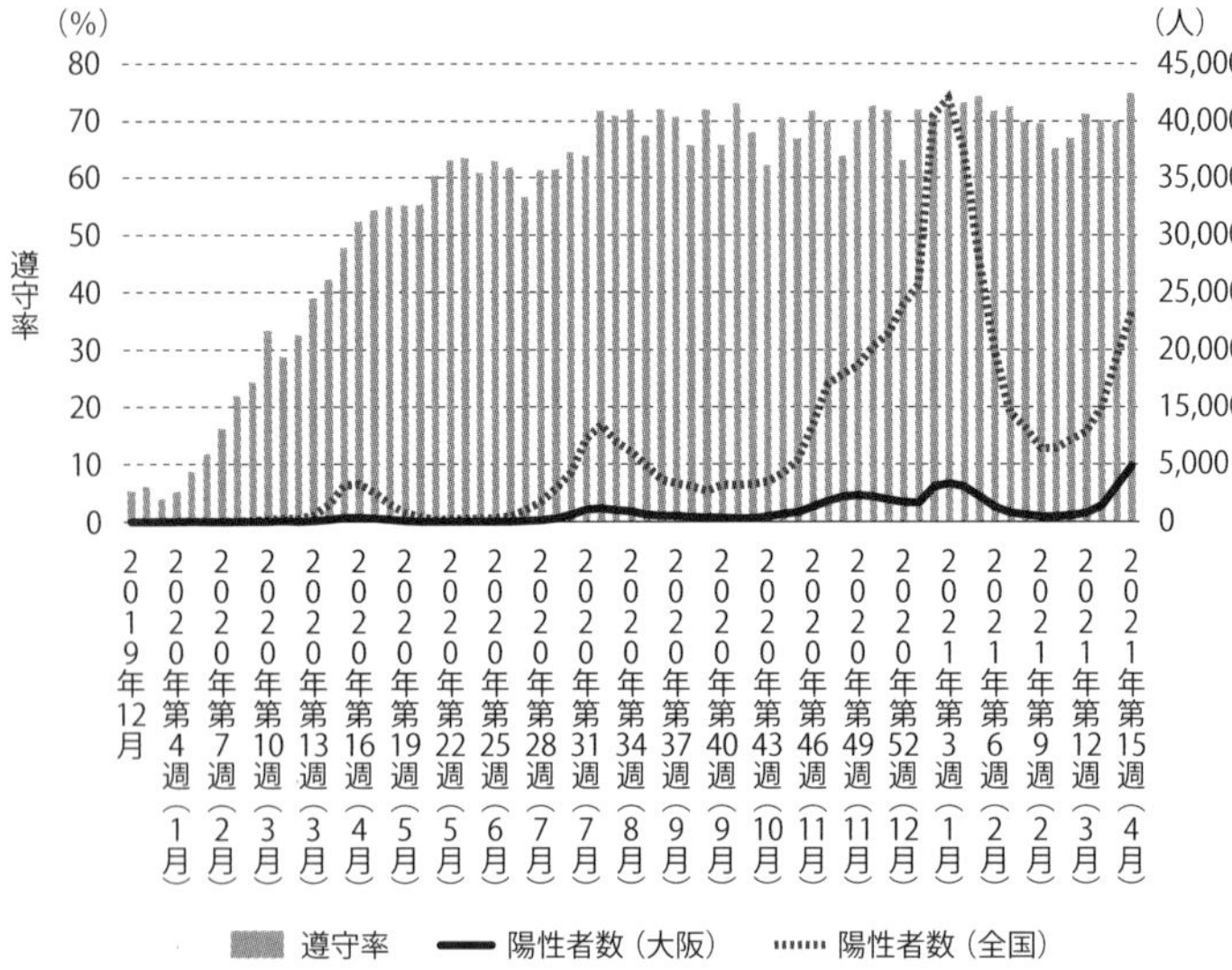

（出所）陽性者数は厚生労働省．大阪府の公表資料から筆者作成．

に分けて考える必要がありそうだ。

流行初期における行動変容

図5-5を遵守率が上昇し始めた2020年2月までに絞って観察日ベースで作図しなおしたものが図5-6になる。最初に手指衛生遵守率の変化が確認されたのは、1月28日である（5・0%→7・6%）。同日夕に渡航歴のない感染例（奈良県在住）が初めて報道されたが、阪大病院での遵守率の測定は午前中に行っているため、国内感染例が確認されていない状況でのものだ。翌1月29日には大阪でも渡航歴のない感染確認が報道された。遵守率は1月28日から上昇に転じているが、図を丁寧

図5-6　病院来訪者の手指衛生遵守率と新型コロナウイルス感染症新規陽性者数（2020年2月まで）

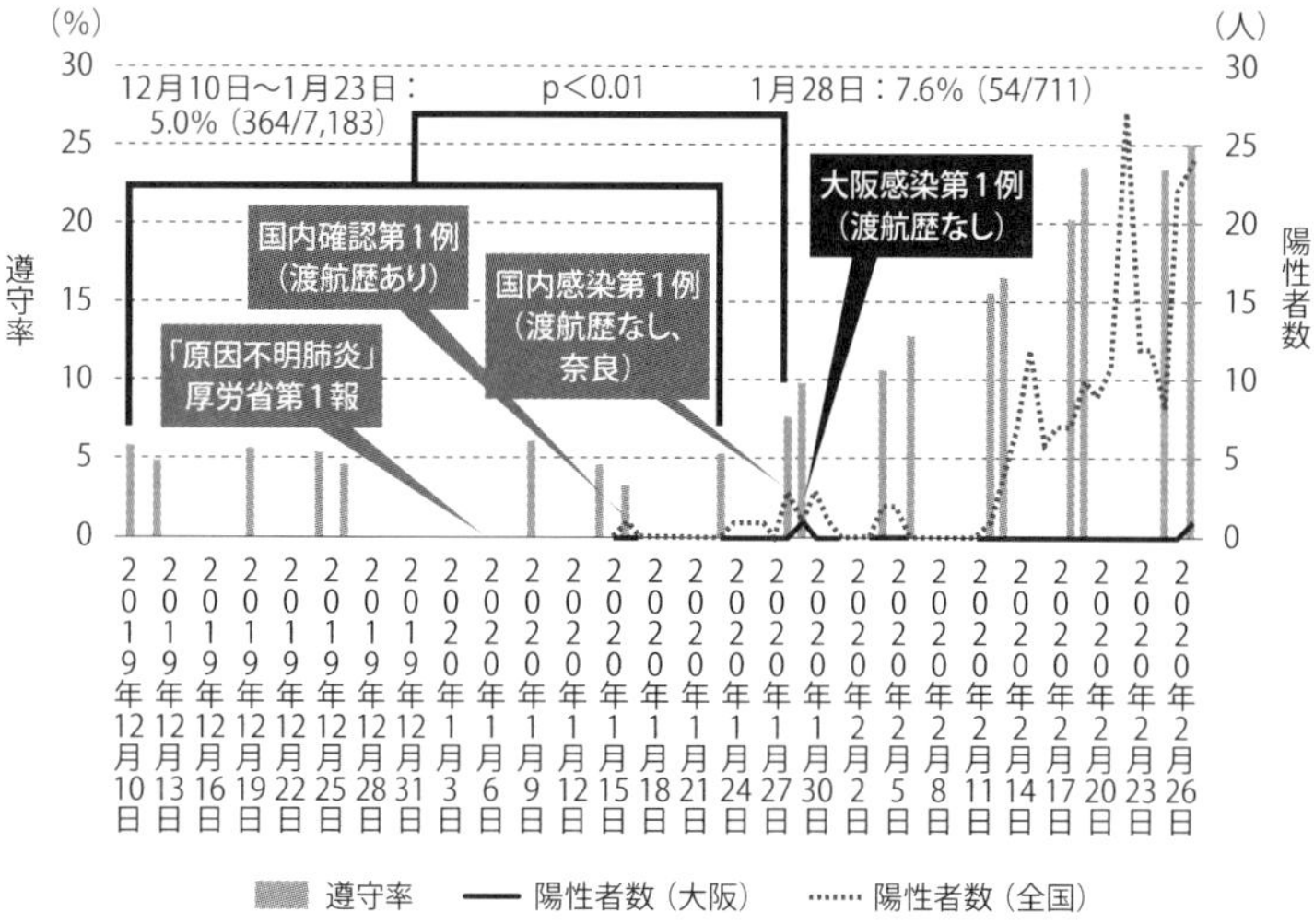

（出所）筆者作成.

に見ると、これ以降の上昇は必ずしも新規感染者の伸びを受けてのものではないことが分かる。病院所在地の大阪では、1月および2月の確認数は2例にすぎない。それにもかかわらず、真実の口の最も効果が高かった時よりも高い遵守率に達しており、大阪の感染状況に連動した変化とはいえない。では何がこのような初期の変化を生んだのだろうか。それは、「コロナ」ないしは「未知の新型肺炎」そのものについての情報、特にメディアによって伝えられる情報であったと考えられる。

行動変容とメディア

図5-7は、関西地域で放映され

図5-7　NHK報道番組によるコロナ関連報道と手指衛生遵守率

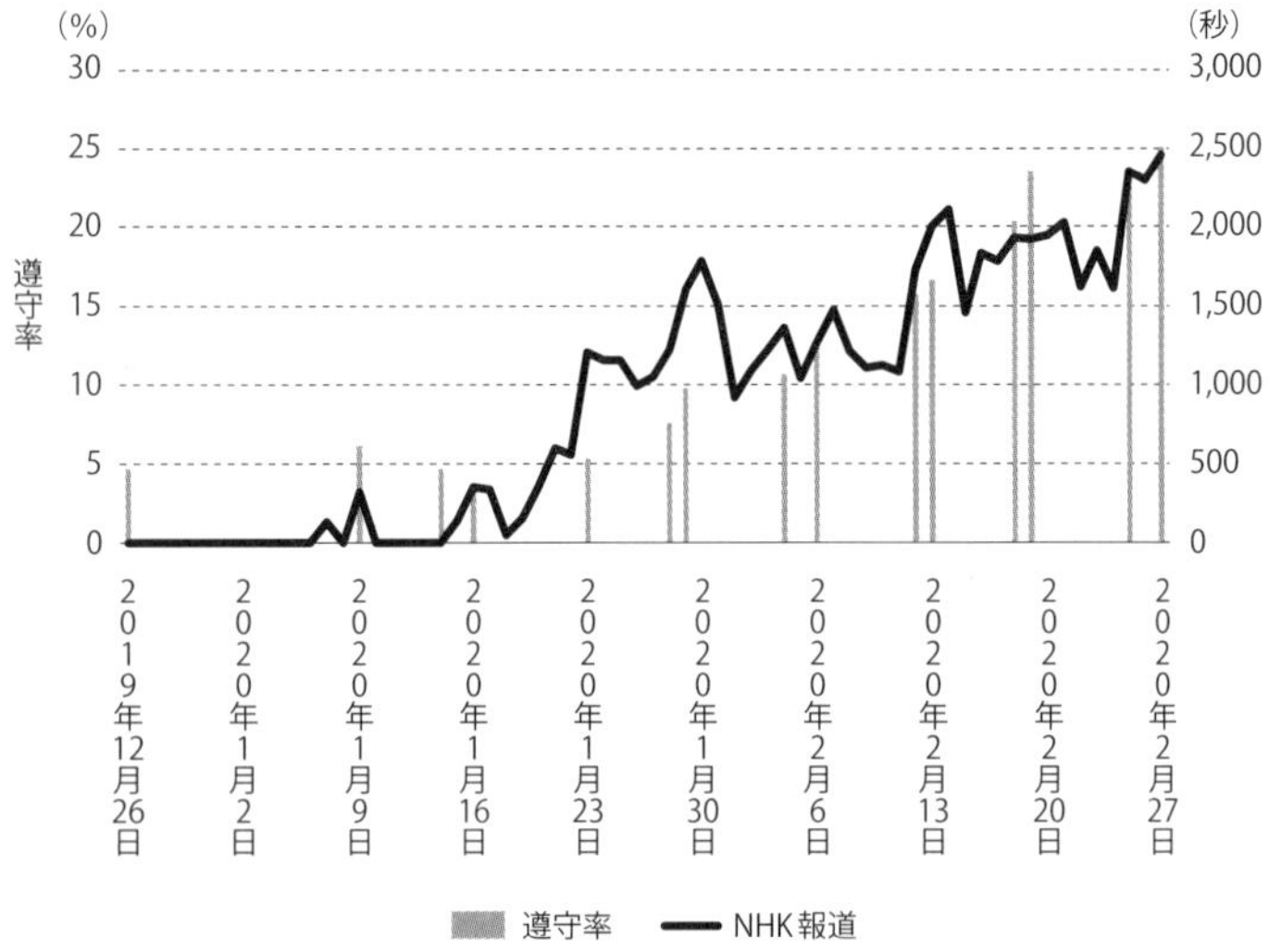

（出所）筆者作成.

たNHKの朝のニュース番組（『NHK NEWS おはよう日本』）の7時台と夜のニュース番組（『NHKニュース7』）内におけるコロナ関連報道に費やされた秒数と手指衛生の遵守率を重ねたものである。1月28日からの上昇局面に先行して、報道でコロナが扱われ始めたことが分かる。最初にコロナに関連する報道があったのは1月7日であり、これは前日に厚生労働省から発せられた「原因不明肺炎」の第1報に関するものであった。1月15日以降は、ほぼ連日「新型肺炎」に関連する報道があり、その分量も増えていった。このような報道の変化から2週間程度遅れる形で、遵守率の上昇が始まっている。

ナッジ、メディア、社会規範、それぞれの効果の量と持続時間

上述したように2020年夏に遵守率は70％に達し、その後も同水準が維持された。これは、真実の口等のイベント効果をはるかにしのぐ水準である。真実の口を用いた実験とこのコロナの経験から、我々はナッジ、メディア、そして社会規範がもたらすそれぞれの効果の量を凡そ知ることができたのかもしれない。真実の口によるナッジは、もともと0・6％であった遵守率を2・8％にした。これにメディアの力が加わることで、それは10％に達した。真実の口を撤去すると2・9％まで再び低下したが、もともとの水準との差分だけ手指衛生を習慣化することができたことになる。しかし、それは「社会規範」と呼べるほどの大きな変化ではなかった。コロナの初期においては、感染状況そのものよりもメディアに呼応する形で遵守率が上昇した。その後感染が拡大し、緊急事態宣言等の社会的リアクションが加わることで、遵守率はさらに上昇し、ついに70％に達した。そしてその変化は、少なくとも1年以上にわたって維持されている。

特にコロナによってもたらされたこのような変化は、当然ながら定点観測を行っていた阪大病院だけで起こっていたものとは考えにくい。同様の変化は、ありとあらゆる病院そして社会的局面で起こっていたものと推察される。新型コロナという強力な状況の力は、大学病院のエントランスホールという場所的限定をはるかに超えて社会全体に加わっていたからである。手指衛生行動に影響するものとしては、おそらく歴史上最強の「状況の力」であっただろう。

コロナは人知を超えた一種の災害であり、それは企図されたものではなかった。我々は否応な

くそれと対峙せざるをえなかったが、その不可避性ゆえに人々の行動をこれまでにないレベルで変えた。今後、人々がコロナというリスクとの距離感を見出し、この新しいリスクの社会的位置づけがどうにか定まったとき、2020年から2021年にかけて多くの市民に共有されていた主観的脅威は、徐々に、あるいは急激に、薄れていくのかもしれない。そのときに、阪大病院のエントランスに置かれた手指消毒剤がどれぐらい使われることになるのか、おそらくそれが本当の意味での社会規範化の程度を指し示してくれることになるだろう。

（森井大一）

第6章

HPVワクチンを本来の接種状況に戻すためのストラテジーの開発

【本章のポイント】

- HPVワクチン接種が停止状態になっているが、接種を行わない意思決定には利用可能性ヒューリスティックス、現在バイアス、同調効果等が関わっている。
- 子宮頸がん自体の身近さ・重篤さを具体的な症例の提示など直感的な認識システムに訴えかけることによって、利用可能性ヒューリスティックスや現在バイアスを乗り越えられる可能性がある。
- 友人からの勧めなどを通して接種を拡げて接種のみんな感を醸成することは、同調効果によるHPVワクチン再普及につながる可能性がある。

母「HPVワクチンっていうワクチンの案内が市から届いてたわよ。子宮頸がんを予防できるらしいんだけど、何年か前に副反応の報道がいっぱいあって、政府が積極的に勧めるのを控えていたワクチンよ。」
娘「そんな怖いワクチンなんて、接種したくない!」
母「でも、この案内には副反応のリスクは必ずしも高くないことが分かってきたって書いているわ。子宮頸がんが日本では若い女の人ですごく増えているって書いているから、接種する方がいいかしら……。」
娘「みんなが接種するなら接種しようかなあ。」
母「そうねえ。接種した友達に勧められたら接種しようかなあって思うわよね。」

これは、自治体からHPVワクチンの案内が送られてきた家庭での娘さんとお母さんの会話である。HPVワクチンはいわゆる副反応報道により厚生労働省が積極的な勧奨の差し控えを発表し、7~8割あった接種率が1%未満にまで下がってしまった。対象者への案内も全国のほとんどの自治体では行われなくなってしまったが、厚労省は2020年10月に、HPVワクチン対象者に積極的勧奨に当たらない範囲での個別案内を行うようにとの通知を全国の自治体に発出した。これにより接種率は数%から数十%となった。さらに2021年11月26日に積極的な勧奨の差し控えの終了が発表され、2022年4月からは積極的な勧奨が再開されることとなった。これにより、HPVワクチンの対象者や保護者においては、HPVワクチンの接種の意思決定を行う際に参考とする情報に接する機会が確実に増え、積極的な勧奨が再開された安心感も生まれて接種率が一定程度は上昇すると考えられるが、それでもなお、周囲の状況を見て接種の意思決定を行う対象者・保護者が多いと考えられている。本章では、HPVワクチンに対する人々の認識や態度を行動経済学的な観点から紹介する。

1 HPVワクチンをめぐる課題

皆さんはご存じであろうか。世界では子宮頸がんの排除が現実味を持って議論されていることを。[1] そして日本では子宮頸がんが若い世代を中心に急増していることを。[2]

子宮頸がんのほとんどは、子宮頸部の細胞にヒトパピローマウイルス（HPV）が感染することをきっかけに、前がん病変を経て発生する。前がん病変の間に見つけて治療を行うことで子宮頸がんにならないように予防するのが子宮頸がん検診であり、HPV感染を防ぐことで前がん病変にさえならないようにするのがHPVワクチンである。世界においては、子宮頸がん検診とともにHPVワクチンの接種が普及し、オーストラリアでは、2028年には子宮頸がんが排除の基準（女性年齢調整罹患率：4／10万）以下にまで減少すると予測されている。[3] では、日本においてはどうか。2010年度に公費助成が始まり、7～8割の接種率が得られていたが、いわゆる副反応報道と厚生労働省の積極的勧奨差し控えによりHPVワクチンの接種率は1％未満となり、停止状態に陥った[4]。

HPVワクチンについて、メディア報道や積極的勧奨の差し控えによるネガティブなイメージではなく適切な情報をもとにした接種の意思決定を行うには、HPVワクチンの重要性の認識を促進する必要がある。この章では、日本におけるHPVワクチンの再普及に向けた行動経済学的観点から開発したメッセージの効果と限界について紹介する。前書『医療現場の行動経済学：すれ違う医者と患者』においても第6章でHPVワクチンに関して記載したが、それをアップデートしたものとしてご理解いただきたい。

2 HPVワクチンの積極的勧奨差し控え

HPVワクチンは世界の100以上の国・地域で公費助成（定期接種を含む）が実施され、女子のみならず、男子に対する接種も進んできている。すでにスウェーデンでは、HPVワクチン接種者では30歳までの子宮頸がんの罹患率が63％減少したことが示され、特に17歳までに接種を行った女性においては88％の子宮頸がん減少効果が示されている[5]。WHOはHPVワクチン接種率90

%、子宮頸がん検診受診率70%、子宮頸がん治療・ケア受診率90%を2030年までに達成する目標として掲げており、これを達成できれば2090年頃までに子宮頸がんを排除できるとしている。[6]

これに引き換え、日本では8年半にわたってHPVワクチン接種の停止状態が続いていた。[7] この間、HPVワクチンに関する有効性・安全性のデータは日本でも蓄積され、また、仮に接種後に何らかの症状が出現した場合の診療体制も構築され、安心して接種できる環境が整った。[8] しかし、HPVワクチン接種の案内が自治体から送付されない状況が長期間継続されていたため、接種対象者やその保護者（母親）においては、子宮頸がんやHPVワクチンに関する正確な情報を持たないまま、HPVワクチンに対するネガティブなイメージが先行して接種の意思決定をしてしまう状況になっており、接種率を7～8割に回復させることは容易なものではない。2022年4月以降は積極的な勧奨が再開されるが、接種率がどの程度上昇するかは全く不透明な状況である。

3 HPVワクチン接種行動の行動経済学的メカニズム

我々は、娘へのHPVワクチン接種に対して母親がどのように意思決定を行っているのかを明らかにするために、２０１３年の積極的勧奨差し控え以降、数回にわたってインタビュー調査・インターネット調査を行ってきた[9][10][11][12]。そこから得られた知見、すなわちＨＰＶワクチンを接種しない意思決定メカニズムと想定されるバイアスを紹介する。

まず、接種対象者や母親が子宮頸がんやＨＰＶワクチンに関する正確な知識を十分持っているとは言い難い。子宮頸がんの主要な原因がＨＰＶ感染であることや、子宮頸がんが最近増加していること、子宮頸がんの治療では子宮全摘術や放射線治療によって妊娠ができなくなる可能性が高いこと、などを知っている人は少数派であった。逆に、ＨＰＶワクチン接種後の広範な疼痛や運動機能障害などの多様な症状を呈した症例の報道などは多くの母親が記憶しており、ＨＰＶワクチンと聞くとそれが第一に浮かぶと答えた。これは行動経済学的には利用可能性ヒューリスティックと称される現象である。

また、前書にも記載したように、副反応の頻度は確定されていない疑い症例も全て含んで10万接種あたり10以下であるが、非常に低率であってもゼロではないがために逆に過大に認識されてしまい（確率加重関数）、この損失が確定するのを回避したいという意識が生まれる（損失回避[13]）。特に、予防できる子宮頸がんは数年から数十年先のことであるのに対して、副反応は接種したら早々に起こりうるものであり、その確率は子宮頸がんの罹患率よりずっと低いが、現在の健康を脅かすかもしれないという不安感はとても強い（現在バイアス）。

新型コロナウイルス感染では最初の緊急事態宣言発出の頃の致命率は３〜４％程度であったが、

現在は1％程度となっている。一方、女性の約8割は生涯に一度はHPVに感染するといわれており、最近の子宮頸がんの罹患者数から、HPV感染者が子宮頸がんによって命を落とす確率は0・84％程度と推計される。この数字は新型コロナウイルス感染における致命率とさほど差がないものと考えられる。しかし、新型コロナウイルス感染に対しては多くの人が恐怖を覚え、マスクを着用するなど様々な予防行動をとっている。自分だけは感染しないと思いがちなところ、感染への恐怖がそれを覆いつくしているともいえる。これに対して、HPV感染に対して恐怖を覚え、予防行動をとっている人は如何ほどであろうか。

新型コロナウイルス感染においては、急激に悪化する症例があることが知られ、著名人の死も報じられた。また、「今日、〇人死亡」という報道が連日行われている。これによって、多くの人は、感染したら死に至るかもしれないという知識を持ち、死の不安を感じている。一方、HPV感染については、感染から死亡に至るまでに要する時間は数年から数十年であり、また、「今日は子宮頸がんで〇人が亡くなりました」などといった報道を目にすることはない。現実には、日本において毎日約8人ずつが子宮頸がんで命を落としている。HPV感染・子宮頸がんについては死に至る可能性の知識がなく、死の不安を抱いていない。[14] **利用可能性ヒューリスティック・現在バイアス**が関わっていると考えられる。

また、新型コロナウイルス感染においては、呼吸苦を訴える著名人の感染者の映像などが繰り返し報道されたのに対し、HPV感染に関しては、HPVワクチン接種後に多様な症状を呈した女子の映像が繰り返し報道されていた。人の認知機能を分析した二重過程理論（dual-process theories）では、人には2つのタイプの認知システムがあるとされる[15]。すなわち、進化的に古く、様々な生物に備わっている、反射的・直感的なタイプ1と、進化的に新しく、人に固有の、分析的で慎重なタイプ2と呼ばれる認知システムである。恐怖心を与えるような映像はタイプ1の認知システムによって捉えられやすいと考えられているが、新型コロナウイルスとHPVでは、認知される恐怖が感染の恐怖か予防ワクチンの副反応の恐怖かという大きな違いがあるともいえる。

また、2015年に行ったインターネット調査では、母親が娘の接種に課す条件を尋ねたところ、「条件なく接種」と回答した母親はわずか0・2％で、正に当時の接種率であった。「積極的勧奨が再開されたら」との回答は3・9％であった。一方、16・9％は「周りや知り合いが接種したら」、50・7％が「同世代の多くが接種したら」と回答しており、同調効果がほとんど誰も接種していない状況を生み出していると考えられた。

4　HPVワクチン再普及の戦略

この現状を打破してHPVワクチンの再普及を図るには、対象者や母親に正しい情報を物理的に届けることが必要で、その上で、その内容を、接種の意思決定がしやすくするようなものにする必要がある。すなわち、利用可能性ヒューリスティックス・**確率加重関数**・現在バイアスなどを乗り越えて、副反応のイメージを拭い去り、接種の判断をしっかり行えるようなメッセージやその浸透方法を検討する必要がある。

5 HPVワクチン再普及の戦略の実践

まず、利用可能性ヒューリスティックスを乗り越えるため、情報が物理的に届くことが接種率上昇につながっているかどうかを調査した。千葉県いすみ市では2019年度に、HPVワクチン対象の上限年齢の高校1年生相当（2003年度生まれ）の女子に対して、積極的勧奨に当たらない範囲での個別案内による情報提供が全国に先駆けて実施された。個別案内の対象となった2003年度生まれおよび個別案内が行われなかった生まれ年度の接種率を調査し、対象者への個別案内による情報提供の効果を検証した。

また、我々はHPVワクチン対象者の母親に対するインタビュー調査にて、HPVワクチンに関する様々なメッセージを提示し、娘への接種意向に及ぼす影響を解析した。これをもとにHPVワクチンの接種意向を高めうるリーフレットを作成し、その効果をHPVワクチン対象者の母親に対するインターネット調査で検証した。

さらに、これら対象者や母親により効果的に適切な情報やメッセージを浸透させる方法についても検討した。

6 HPVワクチンの個別案内の効果

千葉県いすみ市における個別案内の効果であるが、個別案内がなされていなかった2018年度は市内での全接種率は0%であったが、個別案内の対象となった2003年度生まれは10・1%と接種率は有意に上昇していた[16]。利用可能性ヒューリスティックスを一定程度克服できたといえる。厚生労働省は2020年10月にHPVワクチン対象者に案内を個別送付するように全国の自治体に通知を行い、2022年4月からは積極的な勧奨が再開される。これらによって接種率の一定の上昇が期待される。

次に、HPVワクチン対象者の母親に対するメッセージ提示の効果について紹介する。重篤な副反応の出現頻度は、確定診断がなされていないものや疑い症例も全て含めて10万接種あたり10件弱であるが、これをそのまま伝えると、小さい確率であるがゆえに過大に認識されてしまう（確率加重関数）と考えられたため、フレーミング効果を期待して、99・99%強は重篤な副反応が起こっていないというメッセージを提示したところ、逆に残りの0・01%弱は重篤な副反応が起こっ

図6-1 キャズム理論から見た、現状における母親の娘へのHPVワクチン接種に課す条件

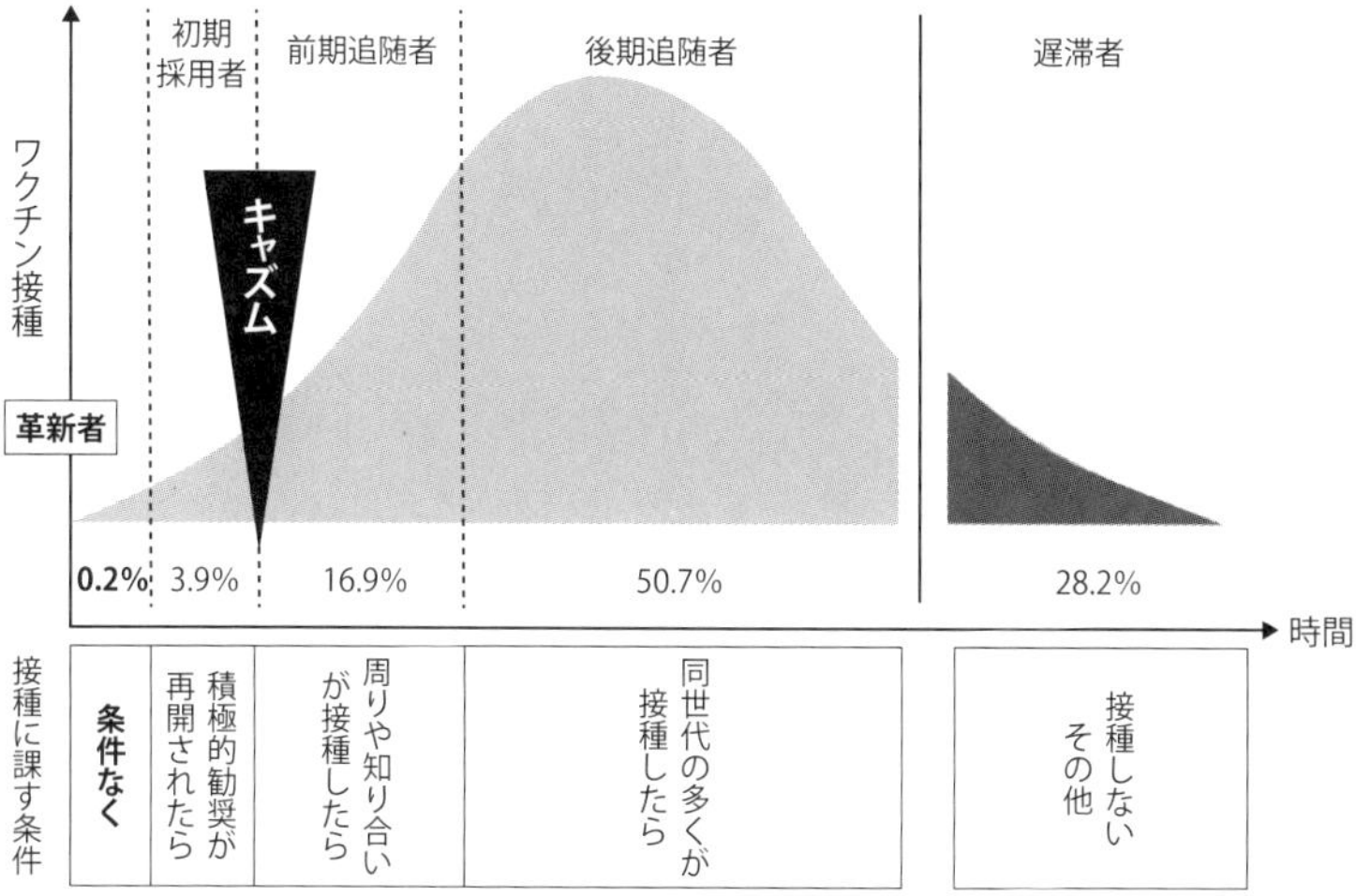

（出所）Ueda et al. (2021).

たのだと怖くなるという、想定外の否定的な結果であった。また、ＷＨＯや日本産科婦人科学会がＨＰＶワクチン接種を推奨しているといったメッセージは必ずしも効果的でなく、製薬会社との関係を勘ぐってしまうといった否定的なコメントが寄せられた。逆に、ある医師は自分の娘にも接種すると言っているというメッセージの方が信用できるという反応であった。また、ＨＰＶワクチンの有効性や安全性のデータより、日本で子宮頸がんが若年者を中心に最近急増していることや、子宮頸がんに罹患すると子宮全摘術や放射線治療によって将来妊娠できなくなる可能性が高いことなど、子宮頸がん自体の身近さ・重篤さを伝えることの方が、母親の娘へのＨＰＶワクチン接種意向を高めていた。特に、妊娠中に子宮頸がんが発見され、妊娠中の子宮を摘出せざるをえなかった女性をモデルにした症例提示は多くの母親の心を動かした。

これらの情報をもとにリーフレットを作成し、母親の娘へのＨＰＶワクチン接種意向を上昇させられるかどうかをインターネット調査で検証した。積極的にＨＰＶワクチンを勧奨するような文言を入れたリーフレットを提示した群では、接種意向はコントロール群の２・２％に比して有意に高い９・２％となったが、積極的勧奨とならないような案内リーフレットを提示した群では５・０％どまりであった。[17] このように、個別案内や行動経済学的概念を活用したリーフレット（メッセージ）によって接種意向は高まったものの、その率は10％程度までであり、同調効果を生むほどのものではないといえる。

ところで、『イノベーション普及学』（産能大学出版部）では、新しい商品、サービス、ライフスタイルや考え方などが世の中に浸透する過程を５つのグループに分類して説明している。[18] すなわち、情報感度が高く、新しいものを積極的に導入する好奇心・冒険心を持った革新者innovator（２・５％）、トレンドに敏感で、自ら情報を判断してこれから流行りそうなものを採用する、オピニオンリーダー・インフルエンサーとも称される初期採用者early adopter（13・５％）、情報感度は比較的高いが、新しい商品やサービスの採用には比較的慎重である前期追随者early majority（34％）、新しい商品やサービスには懐疑的で、周囲の多くが採用しているのを見てから採用する後期追随者late majority（34％）、世の中の動きに関心が薄く、流行が一般化してからそれを採用する最も保守的な遅滞者laggards（16％）である。革新者と初期採用者は初期市場と考えられ、全体の16％がこれに当たる。一方、前期追随者・後期追随者・遅滞者はメインストリーム市場を構成し、84％がこれに当たる。初期市場とされる16％をどう攻略するかが、その商品やサービスが普及するかどうかの分岐点であり、16％まで普及させられると、後は自然に追随者が現れて普及していくと考えられている。

これに対して、初期市場とメインストリーム市場ではニーズやモチベーション、価値観が大きく異なり、商品やサービスの浸透においては、初期市場で支持されたからといってメインストリーム市場で支持されるとは限らないという考えがある。すなわち、初期市場とメインストリーム市場の間にはキャズムと呼ばれる深い溝（普及の分水嶺）があって、商品やサービスを行きわたらせる際の障害となるというキャズム理論である。[19] キャズム理論では、多くの新しい商品やサービスが16％の深い溝を超えられず、浸透していかないとされている。

ＨＰＶワクチンの普及過程をこれらの理論で説明すると、娘への接種に課す条件として「条件なく接種」と考える母親（２０１５年調査[20]：０・２％）は革新者に相当し、「積極的勧奨が再開されたら」という母親（同３・９％）は初期採用者、「周りや知り合いが接種したら」という母親（同16・９％）が前期追随者、「同世代の多くが接種したら」という母親（同50・７％）は後期追随者、そして、「接種しない その他」という母親（同28・２％）は遅滞者に当てはまる。公費助成で７割

図6–2　今後の HPV ワクチン再普及のためのストラテジー

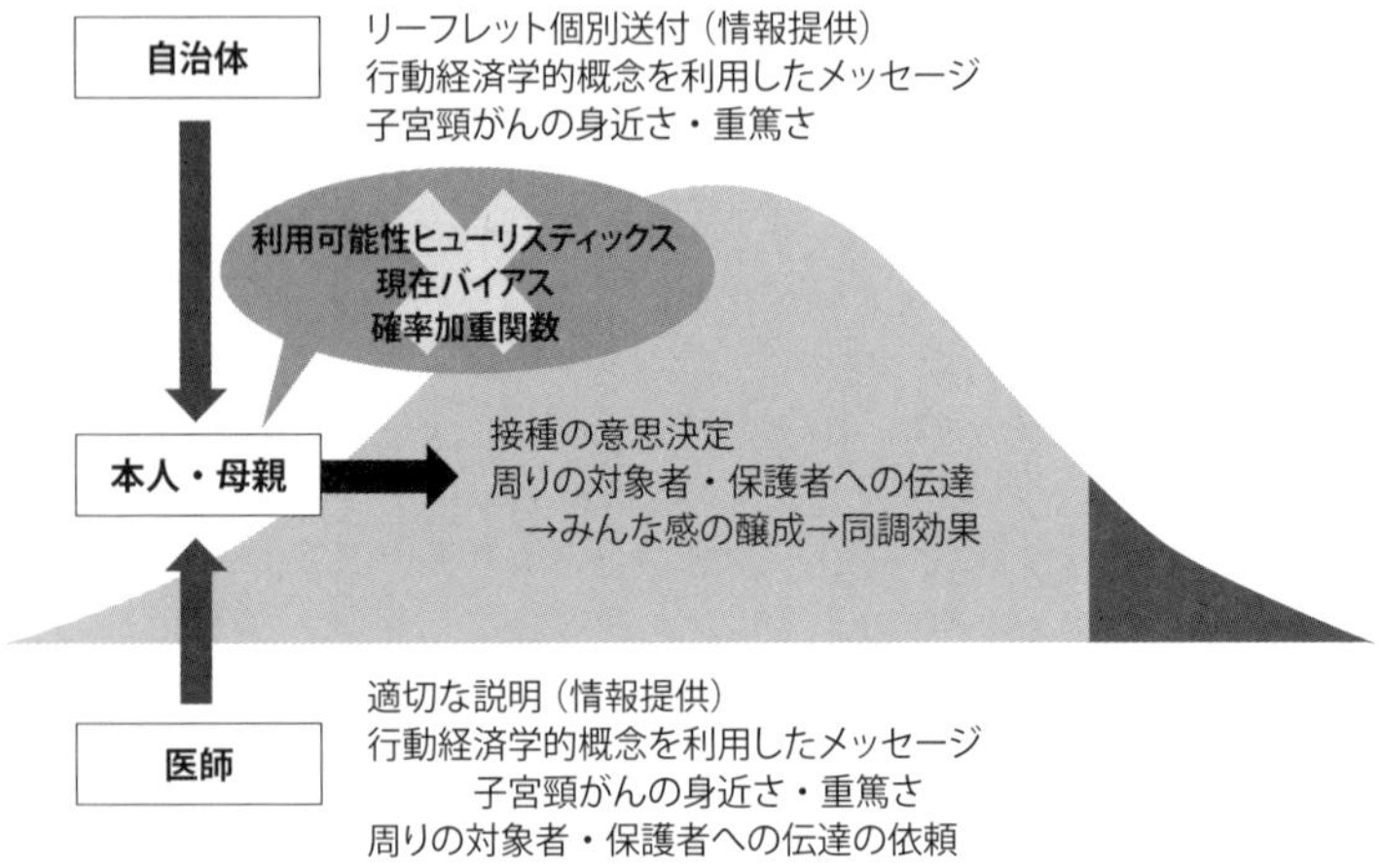

（出所）筆者作成.

程度の接種率が得られていた時代は、革新者・初期採用者から一気に初期追随者・後期追随者にまでＨＰＶワクチンが浸透したと考えられるが、積極的勧奨が差し控えられて接種率が１％未満となってからは、革新者のみが接種していると考えられる。[21]

　母親の娘の接種に課す条件は少しずつ緩和されつつある。最新の２０１９年11月のインターネット調査[22]では、「条件なく接種」と考える母親（革新者）は０・９％、「積極的勧奨が再開されたら」という母親（初期採用者）は11・３％に増加し、積極的勧奨再開時には12・２％程度の接種率が見込めることが推定される。しかし、これも同調効果を期待できるほどの数字ではない。

　自治体からの個別案内や積極的勧奨の再開あるいは、これまでに開発できたメッセージによっては、普及率16％のキャズムを超えられないともいえる。では、どのように再普及を図れるだろうか。2021年3月に実施したインターネット調査で、母親の娘への接種意向は、娘の同世代の女子の2～4割程度が接種したことを想定した場合あるいは半分程度が接種したことを想定した場合に比べ、6～8割程度が接種したことを想定した場合に有意に上昇することが示された（未発表データ）。すなわち、過半数程度まで接種を広げられると一気に接種率が改善することが示唆される。

また、同調査では、医師からの勧めがあった場合にも接種意向が高まることが示されている。現状で自治体からの個別案内で期待される10％程度の接種率を50％より高くまで上昇させるには、医師からの説明と勧めが不可欠であろう。我々が2020年にクリニックで行った調査において、案内リーフレットを用いて医師が説明することで母親の娘への接種意向が著明に上昇することが判明している[23]。医師が説明を行う際には、上述した行動経済学的観点から有効と考えられるメッセージを活用すると、より効果的と考えられる。

HPVワクチンは予防接種法第5条第1項で定める定期接種A類疾病に分類され、集団予防を目指して接種を受ける努力義務が設けられているワクチンであり、社会規範としての接種の理解を深めていくことも重要であろう。

7 実践への示唆

ＨＰＶワクチンの再普及には、副反応に関する情報提供は必要であるが、恐怖感を与えないように、強調しすぎないことが重要と考えられる。むしろ、子宮頸がん自体の身近さ・重篤さについて具体的な症例を提示しつつ示していくことが効果的である。特に映像等を活用して直感的な認識システムに訴えかけることが有効であろう。これにより、接種の意思決定の妨げになっている利用可能性ヒューリスティックス・現在バイアス等を乗り越えられる可能性がある。

しかし、医療者が対象者や保護者一人一人に理解が得られるまで説明を行う時間を診療中に確保するのは難しい。したがって、医療者から説明を受けて子宮頸がんの身近さ・重篤さ、ＨＰＶワクチンの重要性・必要性を理解した対象者や保護者が、それをさらに友人や知人に伝えていくという横のつながりを利用した情報伝達（peer-education）を促進していくことが接種のみんな感の醸成に効果的であろう。すなわち、同調効果を生み出してＨＰＶワクチンを以前のように再普及させるには、医療者を含む知識を持った人が周りの人に接種を勧め、接種したことをさらにその友人・知人に伝えていってもらうようにすることで、対象者やその母親においてpeer-educationのような形で情報共有が進み、これが接種の同調効果を生んでいく可能性があると考える。医療者の果たすべき役割は大きいが、決して医療者にしかできないことではない。正しい知識を身につけた全ての人ができることであり、医療者みんなに課された役割ともいえよう。

（上田　豊、八木麻未）

第7章

選択アーキテクトとナッジを活用する国を挙げての肝臓病対策の秘策
―多職種から構成される「肝炎医療コーディネーター」の活躍―

【本章のポイント】

- 一般に生活する人にとって、「肝臓病」等のイメージしづらい病気にはもともと無関心であるため、「肝炎ウイルス検査」を受ける意思決定は行われない。
- 「予防」→「受検」→「受診」→「受療」→「フォローアップ」の5ステップからなるエコシステムにおいては、対象者の意識改革や自発的な行動変容に頼るのではなく、バイアスを踏まえた仕組み、すなわち「ナッジ」の構築が必要である。

●肝炎医療コーディネーターのような多職種で構成される関連する人材は選択アーキテクトとして、対象者を「ナッジ」をすることは、肝疾患のみならず無症状の疾患の対策に有意義である。

健康診断の現場職員「あなたの健康診断のオプションに600円を払えばB型肝炎やC型肝炎の感染を調べる『肝炎ウイルス検査』が受けられますが、いかがですか?」
健診を受ける男性A氏「俺は酒も呑まないし、肝臓の検査は大丈夫だよ。」
(その後、A氏はもともと、血液検査の項目に入っていた肝機能検査で異常が指摘され、精密検査の受診勧奨の通知が届いた。)
A氏「痛くもかゆくもないから、大丈夫だろ。ひどい病気なら、痛んだりするだろうし。そもそも病院で詳しく検査をするなんて、待ち時間も面倒だし、痛い思いはしたくない。」
職場の保健師「肝臓病は、症状が出てからでは手遅れということもあるんですよ。精密検査に行ってみましょうよ。」
A氏「そうだなあ。だったら、今、やっているプロジェクトが一段落したら考えるよ。」

1 国民病「肝炎」の現状

「B型肝炎」や「C型肝炎」という病気の名前は、一度は聞いたことがあるかもしれない。では、この本をお読みの皆さんは、ご自分の意思で肝炎ウイルス検査を受けたことはあるだろうか？ご自分の結果は覚えておられるだろうか？

有名人でも「B型肝炎の治療を受けましたが、経過は良好です」や「○○氏は、C型肝炎を何十年も患うことによって肝硬変となり、最終的には肝臓がん、肝不全となって亡くなった」と公表されることがある。B型肝炎やC型肝炎といったウイルス性肝炎は、主に肝臓という生存するために不可欠な臓器の主な構成細胞である肝細胞にウイルスが持続的に感染することで炎症が続いた結果、肝臓がだんだん硬くなり、何十年の経過を経て、「肝硬変」という状態になり、さらに肝臓がんとなって命を落とす危険さえもある。その「肝臓病」は、末期の状態になるまでほとんど症状はないことが特徴であり、肝臓がんは、ようやく減少の兆しが見えてきたが、年間で約3万人が命を落としているいわゆる「五大がん」の一つである。2010年には肝炎対策基本法という法律が施行され「国民病」として国を挙げて対策に取り組むべき疾患として様々な対策が取られてきた。

治療に関しては、特に肝臓がんの7割の成因であったB型肝炎やC型肝炎の治療は、この数年で劇的な進歩を遂げ、いずれも入院することなく、外来診療で内服薬だけでウイルスを抑え込んだり、体内からウイルスを排除してしまったりすることができるようになった。したがって、きちんと病気を発見し、適切な最新の治療を受けさえすれば、肝炎の進行を食い止めることが可能であり、肝臓がんの発症を劇的に減らすことができるようになった。しかし、まだまだ国内には200万〜300万人近い人がB型肝炎やC型肝炎に感染していることを知らずに、気づいたら肝硬変や肝臓がんに進行していたケースが減らず、国や医療機関ではなんとかして病気を早期発見して、最新の治療を受ける人を増やそうという対策が取られている。すなわち自覚症状が乏しいため、慢性肝疾患が進行する前に罹患を明らかにして、その慢性肝疾患に応じた適切な治療を行うことによって、我が国では国民病の一つとして挙げられている「肝臓がん」の罹患者数および死亡率を減少させることが世界中の課題となっている。

2 肝疾患治療における受検・受診・受療行動のメカニズム

肝疾患は、疾患の啓発や感染予防、感染症であるがゆえに起こりうる差別や偏見の抑止等といった、ステップ0の「予防」、またB型肝炎やC型肝炎ウイルスの感染を知るための肝炎ウイルス検査や脂肪肝に代表される脂肪性肝疾患を知るためのステップ1の「受検」、また感染や脂肪性肝疾患の罹患が判明した後に肝疾患の進行とその進行の程度に応じた治療方針を決定するための精密検査のステップ2の「受診」、その後の適切な治療を受けるステップ3の「受療」、そして治療によって肝疾患がコントロールされた後も肝臓がんが発症していないか、生活習慣病である脂肪性肝疾患であれば、再び生活習慣の乱れによって脂肪性肝疾患が再発していないかというステップ4の「フォローアップ」という、「予防」→「受検」→「受診」→「受療」→「フォローアップ」の5ステップによるエコシステムが遅滞なく進むことが重要であり、それらは、対象者がそれぞれのステップにおいて意思決定し、行動することが不可欠である(1)。

しかしながら、一般に生活する人にとって、身近に肝臓病で命を落としたような経験がない場合は「肝臓病」どころか、「肝臓」そのものについて、無関心であり、そのような場合、自分がまさか肝炎ウイルスに感染している等を想像するはずはなく、またもし感染していても、ほとんど自覚症状はないため、感染の有無にかかわらず、わざわざ、自らが血液検査である「肝炎ウイルス検査」を受ける意思決定は行われない。また「脂肪肝」という言葉は知っている人も多いと思うが、まさか脂肪肝から肝炎が起き、それが肝臓がんや肝硬変に進む等の想像はよほど健康に関心が高い人しかしないであろう。つまり、肝炎ウイルス検査前には、そもそもリスクを過小評価する「**正常性バイアス**」や、検査で陽性となり、自らのリスクを認識した後でも、自覚症状が全くないため精密検査を受診しないという「**現在バイアス（先延ばし）**」や治療のために仕事や生活を変えたくないという「現状維持バイアス」が極めて、生じやすいと考えられる。そのため、ウイルス性肝炎であれば、肝炎ウイルス検査を自発的に受けようとする人が少なく、また健康診断の血液検査の中に含まれている肝機能検査で検査値の異常が指摘されても放置しているという現象が日本国内のみならず世界中でなかなか減らないと考えられる。

そこで、5つのステップの対策を完成させるためには、住民・労働者、そして患者自らの意識改革や自発的な行動変容に頼るのではなく、これら「正常性バイアス」「現在バイアス」「現状維持バイアス」を踏まえた、仕組み、すなわち「ナッジ」の構築が必要である。

3 肝炎ウイルス検査の受検を増やすナッジ戦略

このような課題を解決するために制定された「肝炎対策基本法」には、その具体的な方向性を示す指針として「肝炎対策の推進に関する基本的な指針」が示されている。[2] その指針の中には、肝炎の予防や医療に携わる人材の育成が重要と示され、肝臓専門医という肝臓病を専門とする医師の養成のみならず、その人材として都道府県が主体となって「肝炎医療コーディネーター」の養成が進められている。この肝炎医療コーディネーターこそが、肝疾患診療連携エコシステムにおける受検・受診・受療行動を望ましい方向に促進するためのナッジにおける「**選択アーキテクト**」として中心的役割を果たすことになる。

肝炎医療コーディネーターが、ナッジの中の選択アーキテクトとして機能するためには、肝炎患者の心理をできるだけシンプルに共通理解し、実際に自信を持って「選択アーキテクト」の役割が担えることが重要と考えられる。そこで、厚生労働科学研究（肝炎等克服政策研究事業）「効率的な肝炎ウイルス検査陽性者フォローアップシステムの構築のための研究（研究代表者：是永匡紹（国立国際医療研究センター）」において、肝炎ウイルス検査の受検から抗ウイルス治療がスムーズに進んだ患者に対して、いわゆる「positive deviance approach」[3]による質的・量的調査によって意思決定の理解を明らかにした。

その結果「無症状なのにもかかわらず速やかに5ステップの行動を取っている対象者の理解として、疾患を見逃すと生命的な危険という損失につながるという「重大性」、治療やフォローアップが必要であるという「必要性」、そして疾患が、取り返しがつかなくなる前にできるだけ速やかに適切な治療を行う「緊急性」の3つが全て揃う必要があることが明らかになった。[4]また、適切な意思決定を行うためには、「周囲の医療者による声かけ」が、肝炎ウイルス検査の受検の意思決定においては対象者の約80％に対して有効であった。また、肝炎ウイルス感染が陽性と指摘された後の精密検査の受診や抗ウイルス治療の受療への意思決定には対象者の約70％に対して有効であったことが明らかになった。[5]また、対象者（この場合、患者）の約9割について、周囲の医療者による「リーフレットや説明書を使って」「個別に説明」がされていることが受診や受療までスムーズに連続するステップを行動する意思決定を促すことが明らかとなっている。

図7-1　肝疾患診療連携のエコシステムにおける肝炎医療コーディネーターのポジショニング

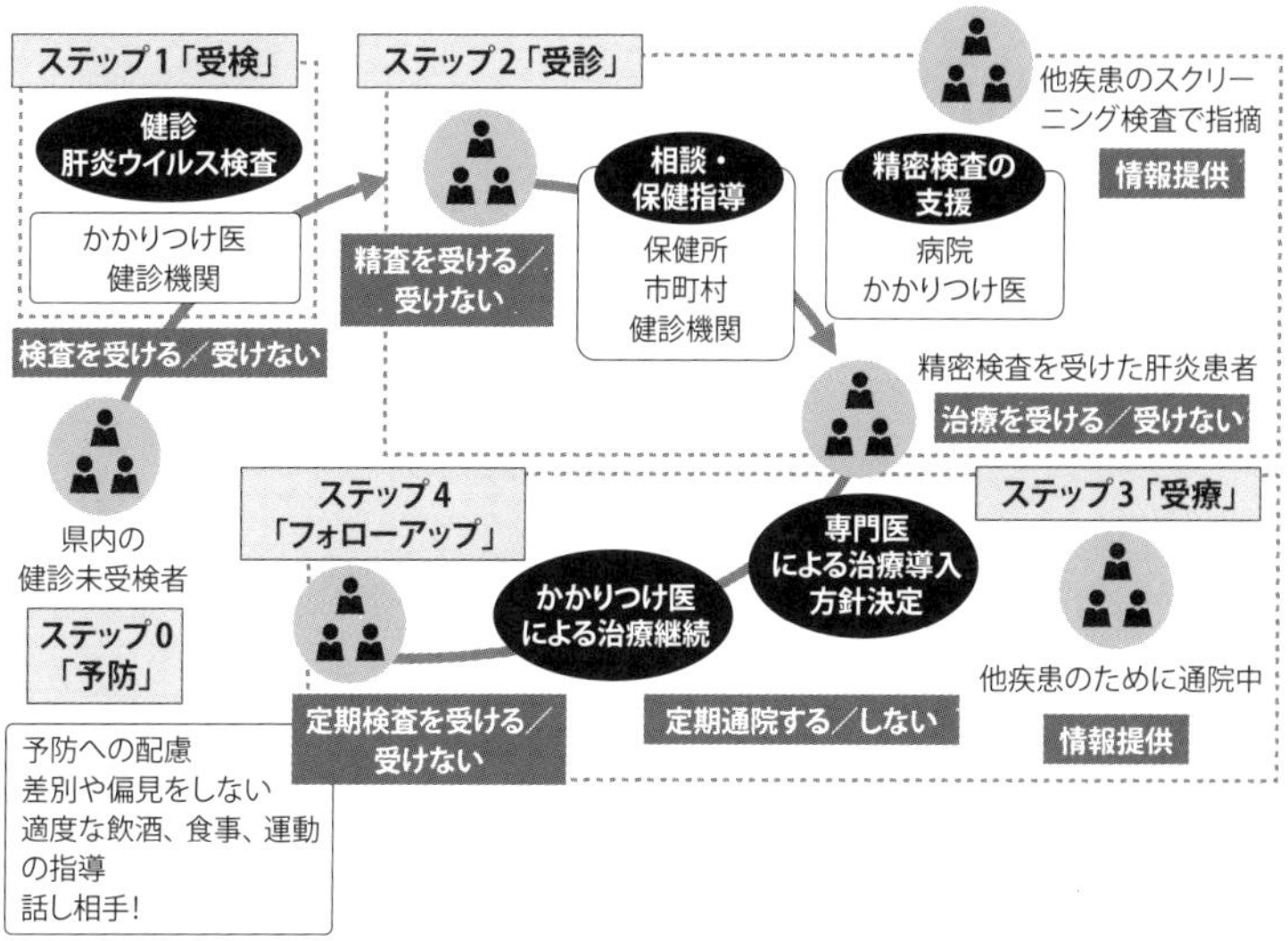

（出所）筆者作成.

　そこで、肝炎医療コーディネーターは、肝疾患の5つのステップのそれぞれにおいて、対象となる住民・労働者、患者に対して、「リーフレットや説明書を使って」「具体的に」選択可能なオプションを分かりやすく提示し、関連する情報提供を行い、対象者の「認知バイアス」の影響を小さくすることで、対象者が望ましい行動を取るための意思決定を可能にするという役割を果たすことになる（図7−1）。

4 肝炎医療コーディネーターに必要なスキルとその養成：佐賀方式

肝炎医療コーディネーターは、これまで我が国でも肝臓がんによる粗死亡率ワースト1位が長年にわたって続いてきた佐賀県をフィールドとして、様々な肝疾患対策を行い、2019年にはワースト1位という汚名を20年ぶりに返上し、2020年にはワースト12位まで低下することに成功した「佐賀方式」の中心となるものである。肝炎医療コーディネーターは2009年度に全国に先駆けて、やはり肝臓がんの死亡率が全国でも高かった山梨県で育成が始まり、2011年度からは厚生労働省の事業として全国的に養成が進められ、同じく長年にわたって肝臓がんが多かった佐賀県でも養成が推進され2020年度までに約1600名が養成された。2018年度には全ての都道府県で養成が開始され、2020年度現在、全国では合計で約2万名以上が養成され国内の各所で活躍している。肝炎医療コーディネーターは、都道府県が主体となって養成されており、都道府県によって多少の違いはあるものの、ほとんどの都道府県では、主に看護師や保健師、保健所や市町の行政職員、医療機関や調剤薬局の薬剤師、歯科医師や歯科衛生士、臨床検査技師、管理栄養士、病院事務職員、産業医や医療ソーシャルワーカー、社会保険労務士等の幅広い医療系の職種のみならず、患者会の構成員、患者、元患者、市民等、幅広い職種や立場の人で構成されている。主な活動内容は市民や患者等への啓発活動・情報提供、相談支援・助言、

図7-2　肝炎医療コーディネーターについて

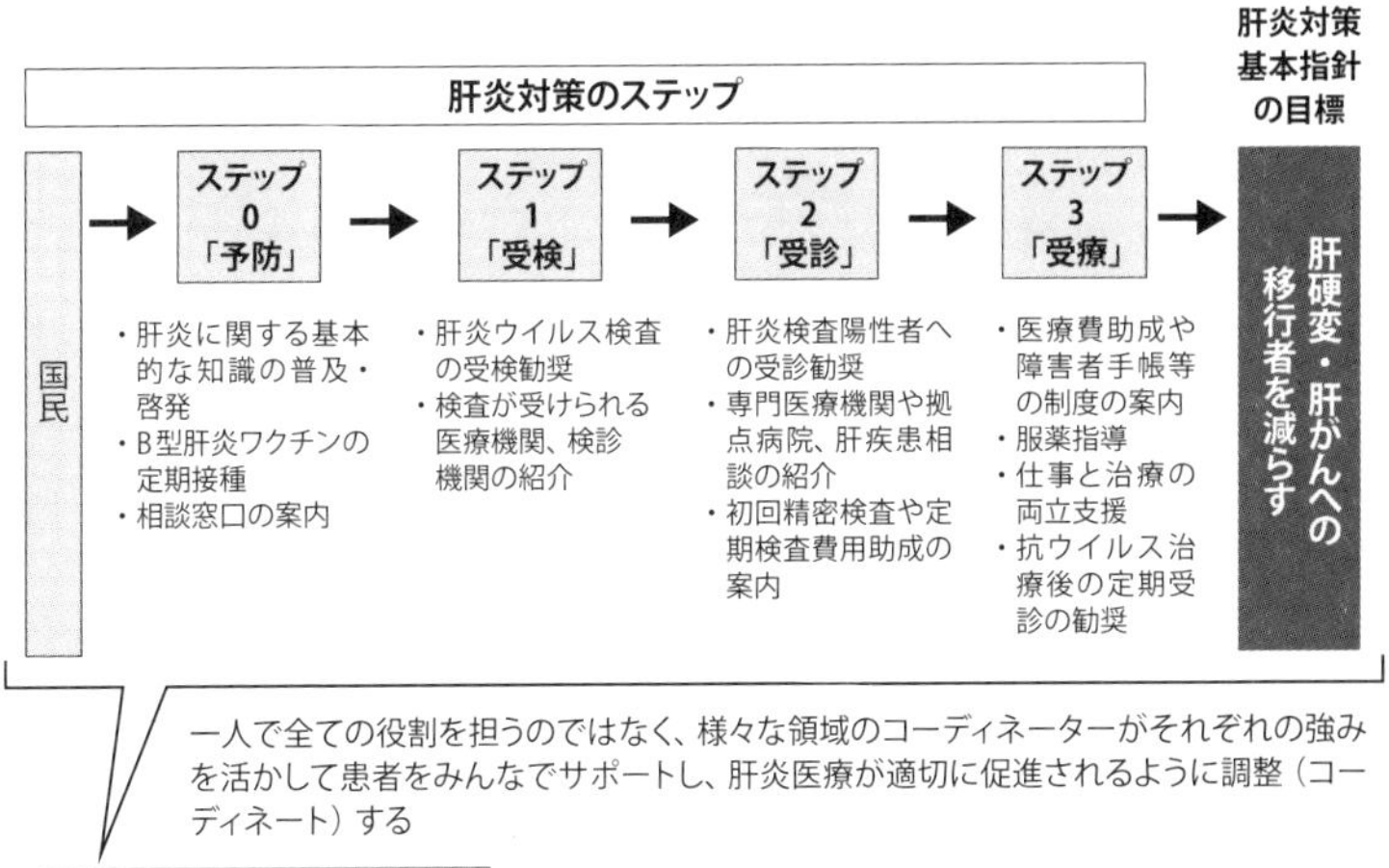

肝炎医療コーディネーター

保健師／患者会自治会等／自治体職員／職場関係者／看護師／医師／歯科医師／薬剤師

身近な地域や職域、あるいは病院等に配置され、それぞれが所属する領域に応じて必要とされる肝炎に関する基礎的な知識や情報を提供し、肝炎への理解の浸透、相談に対する助言や相談窓口の案内、受検や受診の勧奨、制度の説明などを行う。他の肝炎医療コーディネーターとも協力・連携することで、肝炎の「予防」、「受検」、「受診」、「受療」と「フォローアップ」が促進されることが期待される。

さらに、身近な地域や職域で肝炎医療コーディネーターが活動し、肝炎への理解を社会に広げる基盤が醸成されることにより肝炎患者への差別や偏見の解消につながることも期待される。

（出所）「肝炎医療コーディネーターの養成及び活用について」（健発0425第4号平成29年4月25日厚生労働省健康局長通知）.

専門医とかかりつけ医間の橋渡し的な役割等、多岐にわたっていて、それぞれの職種や立場の強みを活かして活動を行っている。

肝炎医療コーディネーターの育成の方法としては、全国的な規模の研修会を行い、「選択アーキテクト」としてのスキルを獲得できるように研修プログラムを構成している。具体的には、肝炎対策や肝炎医療コーディネーターの活躍の意義を考える自治体での研修会等で、一般的な肝臓病についての医学的知識や医療制度等の講義形式の研修のみならず、「行動経済学的視点に基づいた肝炎医療コーディネーターの活動」として、肝炎患者が5ステップを進まない心理状態を「プロスペクト理論」を用いて理解したり、その「先延ばし」という心理の理解とその対策である「**ナッジ**」についての解説やグループワーク等を年に数回以上は開催してきた。またそのグループワークでの事例をもとにした演習では、（1）職種ごとに集まって、日常の現場での工夫や課題を共感しながらディスカッションする、（2）予防・受検・受診・受療・フォローアップというエコシステムのそれぞれのステップから次のステップへ最高のバトンタッチができるために、それぞれのステップに位置する肝炎医療コーディネーターがエコシステム全体とそのスループットをあげるための「ナッジ」を行動経済学的な視点を持って習得することを目指して、どのような言い方によって先延ばしを防げるか等についてディスカッションするといった実習を行ってきた。また、肝炎医療コーディネーターが臨床現場で使うリーフレットとして、前述の行動経済学的視点とソーシャルマーケティング手法も用いた、特にB型肝炎、C型肝炎の感染が判明した際に用いるリーフ

図7-3　肝炎医療コーディネーター養成数

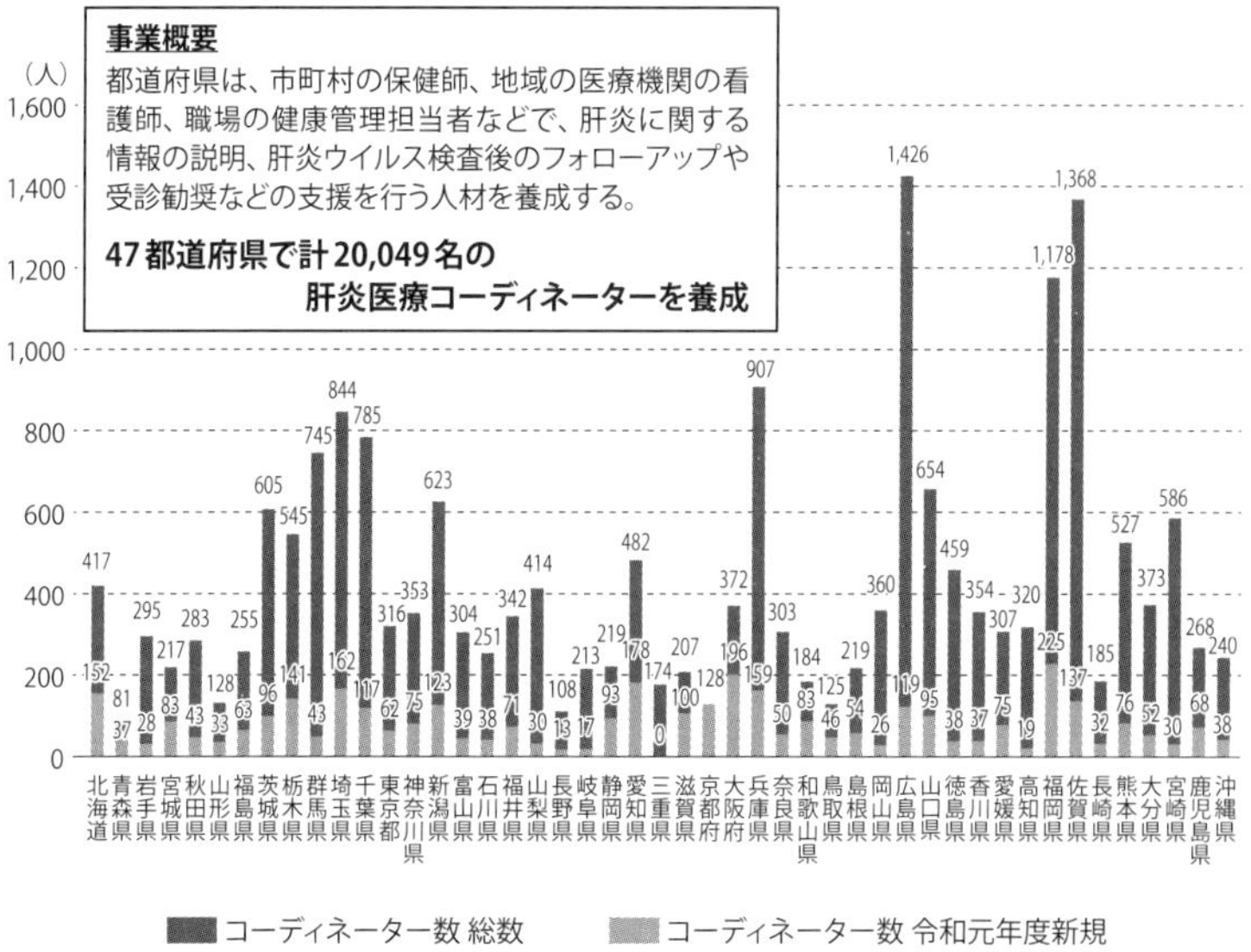
事業概要
都道府県は、市町村の保健師、地域の医療機関の看護師、職場の健康管理担当者などで、肝炎に関する情報の説明、肝炎ウイルス検査後のフォローアップや受診勧奨などの支援を行う人材を養成する。
47都道府県で計20,049名の
肝炎医療コーディネーターを養成
（人）
コーディネーター数 総数
コーディネーター数 令和元年度新規

（出所）「令和2年度肝炎対策に関する調査（調査対象H31.4.1~R2.3.31）」（厚生労働省健康局 がん・疾病対策課 肝炎対策推進室調べ）より.

レット等を考案し、全国で活用されている。それら多数のツールやコンテンツについては、現在、佐賀県のがん情報サイト「がんポータルさが」で公開されている。[6]

　また、筆者が研究代表者を務めた厚生労働行政推進調査事業費補助金（肝炎等克服政策研究事業）「肝炎ウイルス検査受検から受診、受療に至る肝炎対策の効果検証と拡充に関する研究」では、従来、行ってきた患者を対象とした調査のみならず、全国の肝炎医療コーディネーターを対象とした質的調査や量的調査を行い、普段、肝炎医療コーデ

図7-4　B型肝炎ウイルス感染が判明した人に向けての定期検査を受けるようにナッジする際に用いられるリーフレット（A3 二つ折り）

外面

内面

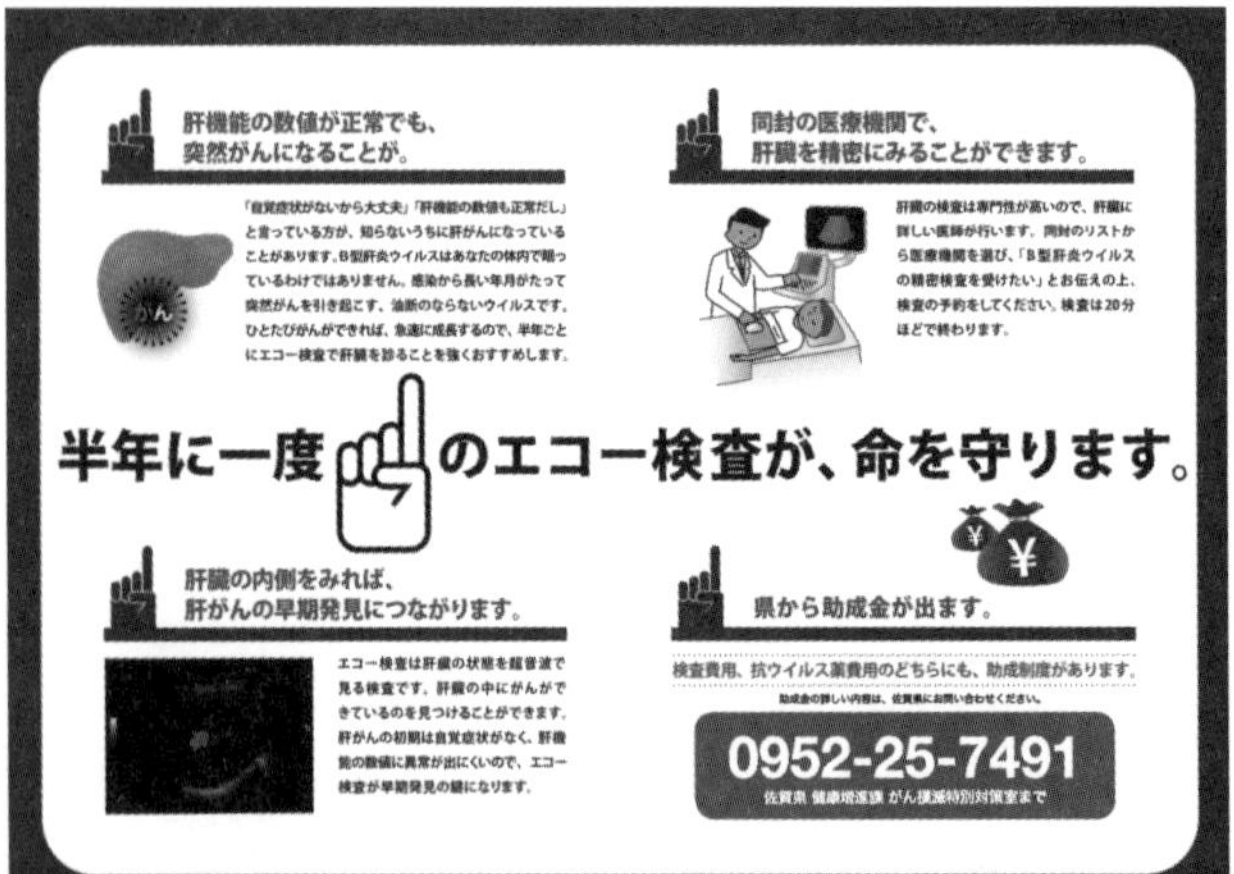

（出所）がんポータルさが.

図7–5　C型肝炎ウイルス感染が判明した人に向けての定期検査を受けるようにナッジする際に用いられるリーフレット（A3 二つ折り）

外面

内面

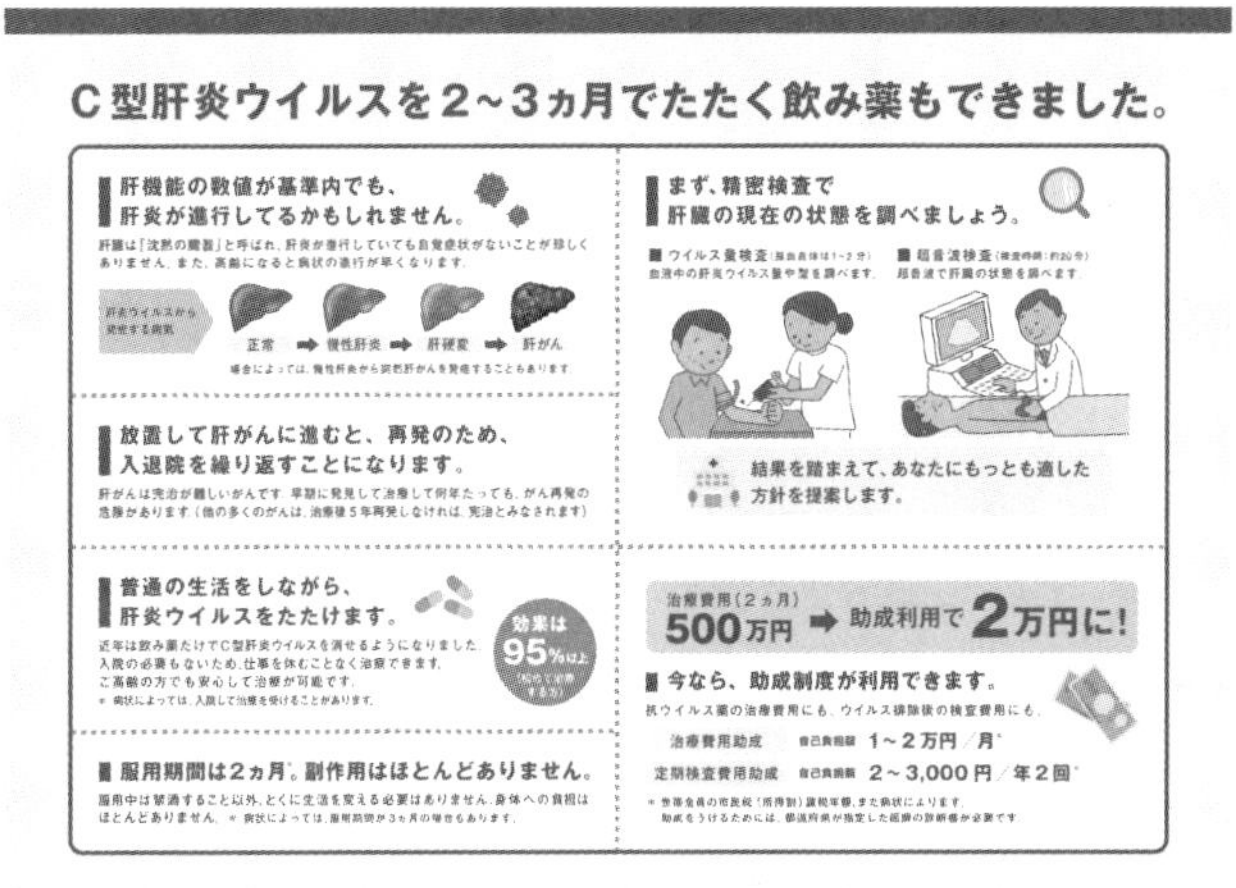

（出所）がんポータルさが．

イネーターが受けやすい相談や対象者の疑問や質問を解消するための工夫が簡潔に示されたポケットマニュアル等のツールを開発し、全国展開を行い、我々の厚生労働科学研究班で構築したポータルサイトで公開している（https://kan-co.net）。さらに全国の肝炎医療コーディネーターの養成研修会やスキルアップ研修会においても上記の肝炎対策に活用すべき「行動経済学」的観点からの肝炎患者の理解やその対策の解説やツールの使用方法の講習等を実施している。

5 肝炎医療コーディネーターの養成による変化

複数の都道府県では多職種によって構成される肝炎医療コーディネーターが活躍し、「予防」「受検」「受診」「受療」「フォローアップ」が推進され、地域における肝疾患対策の推進の一助となったことが数多く報告されている。それらは、国立国際医療研究センターの肝炎情報センターのホームページで紹介されている。(7)

我々は、全国で「ナッジ」を中心とした行動経済学的手法を駆使して活躍する多職種からなる肝炎医療コーディネーターに対して、活動の実際やその背景等についてまた肝炎医療コーディネーターの活動が患者等に求められていることについて質的調査を行い、その要点を上記のポータルサイトで動画コンテンツとして公開している。(8)

一方で、前述のごとく、現在、47都道府県で約2万人の肝炎医療コーディネーターが養成されたが、全国レベルの調査において、実際に活動できていると評価されているのは、半数以下に留まり、また肝炎医療コーディネーターへのアンケートによっても自身が肝炎医療コーディネーターとして活動できていると回答したのは3～4割に留まっていることも判明し、大きな問題となっている。

肝炎医療コーディネーター自身による自己評価および客観的な評価によって活動できている事例において、共通する要点としては、①肝炎医療コーディネーターが活動する都道府県や都道府県で肝疾患対策の推進的役割を有する全国71施設からなる「肝疾患診療連携拠点病院」による支援や②肝炎医療コーディネーターという人材が存在することの市民や患者の認知、そして、③肝炎医療コーディネーターが所属する施設や医療機関における部署の上長や施設長、肝臓専門医による活動の意義の重要性の理解による活動の承認や支援が特に不可欠であることが明らかになった。それらを解消することも重要と考え、我々のポータルサイトでは、専門医による理解、養成する自治体による理解、患者への認知を進めるためのリーフレットも作成し、公開している[9]。

6 その他の医療課題の解決に向けての示唆

無症状の疾患に対する適切な意思決定と行動が「予防」→「受検」→「受診」→「受療」→「フォローアップ」の5ステップからなるエコシステムにおいて、それぞれのステップが連続して、遅滞なく行われていくことが重症化予防には必要である。そして、肝疾患のみならず、無症状の疾患に対する適切な意思決定と行動である「**損失回避**」には、疾患を見逃すと生命的な危険という損失につながるという「重大性」、治療やフォローアップが必要であるという「必要性」、そして疾患が、取り返しがつかなくなる前にできるだけ速やかに適切な治療を行う「緊急性」の3つが全て揃う必要がある。

課題としては、肝炎医療コーディネーターのような多職種で構成される関連する人材は選択アーキテクトとして、対象者を「ナッジ」をすることは、肝疾患のみならず無症状の疾患の対策に有意義であることが示唆されるが、その人材の活動には、上長や所属長、その疾患のマネジメントを推進するためのリーダーといえる「専門医」の理解と承認、そして活動環境の提供や提案、活動支援が不可欠である。

（江口有一郎）

第8章

SMSを用いたナッジによる特定健診受診勧奨

【本章のポイント】

- 受診までの行動をいくつかのステップに分け、それぞれのステップに応じたナッジを検討することが重要。
- 特定健診の受診率向上には「特定健診の受診が社会的要請である」ことを強調する社会規範メッセージが有効。
- これまでの受診勧奨では、はがきなどの通知物が主流であったが、SMSなどのデジタルな手法とナッジを組み合わせることにより、効率的な受診率向上が見込まれる。

A市の住民「今年もA市から特定健診の案内が来ていたけど、郵便受けから出して机に置いたままだ。封筒を開けても、説明書類がたくさん入っていて読むのが大変だから、今まで詳しく中を見たことがないよ。」
B市の住民「私が住むB市では、今年からSMSでスマートフォンに送られてきたよ。仕事の合間にメッセージを確認できて、中身もシンプルだったから初めて健診の案内をしっかりと見た。」
A市の住民「そもそも自分は健康だし、まだまだ特定健診は受けなくていいと思っている。」
B市の住民「自分もそう思っていたけど、どうやら受診することが社会的に求められているようで、今年は初めて受けてみようと思ったよ。」
A市の住民「そうなんだ。仕事も忙しいのに、あのたくさんの書類の中からそういう重要な情報を読み取るのは結構しんどいな……。」

1 特定健診をめぐる課題

近年、生活習慣病を原因とする死亡数および医療費の増加に伴い、世界的に生活習慣病予防が注目を集めている。生活習慣病とは、がん、脳卒中、心臓病、糖尿病等の生活習慣が発症・進行に関与する疾患群であり、日本人の死亡原因の約6割を占めている。これらの疾患予防を目的に我が国で実施されている施策の一つが特定健康診査（以下、特定健診）である。特定健診は２００８年度からスタートし、40～74歳の方を対象として1年に1度の受診が推奨されている。ところが、特定健診の受診率は一般健康診断の受診率の半分程度しかない。

健康診断と聞くと、多くの人は企業に義務づけられている一般健康診断（1年に1度会社員が受けるいわゆる健康診断）を思い浮かべ、特定健診の受診率が低いと言われてもピンと来ないかもしれない。しかし、特定健診の対象者のうち、定年退職後や企業に属さない個人事業主等の受診率が低いことが大きな課題になっている。実際に、一般健康診断の受診率は80％を超えている[1]のに対し、２０１８年度の市町村国民健康保険（以下、国保）における特定健診の受診率は37・9％[2]（国が掲げる目標は60％）であり、受診率を向上させる取り組みが求められている。

つまり、雇い主である会社から「○○さん、いつまでに健診に行ってください」と案内されるのと、単にその地域に居住しているという関係の自治体から「○○さん、健診に行ってください」と案内が送られてくるのでは、効果に大きな違いがあるということである。したがって、自治体からの案内をいかに工夫できるか、が我が国の生活習慣病予防を左右する重要な課題の一つなのである。

本章で紹介する横浜市においても、２０１８年度の国保の特定健診受診率は24・3％であり、他の自治体同様に受診率の向上が求められていた。

図8-1　特定健診受診までの6ステップ

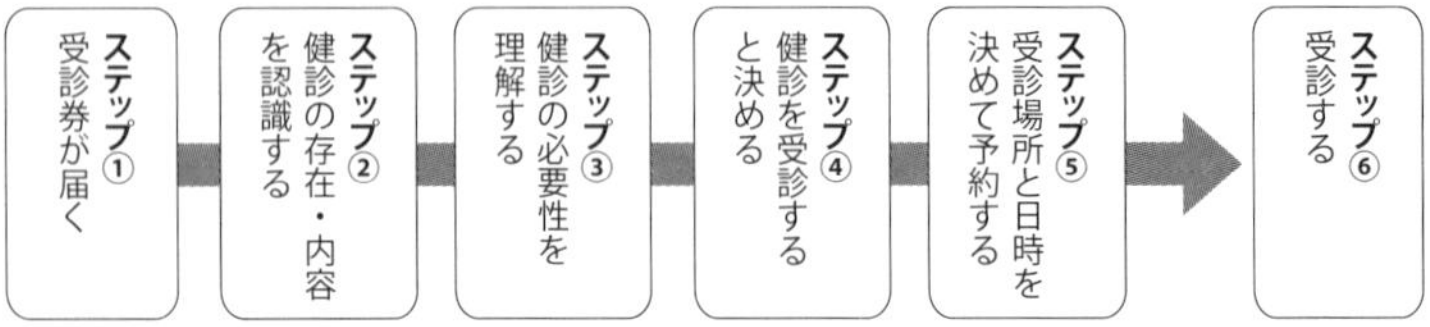

（出所）筆者作成.

2　特定健診を受診しない原因

そもそも、人々が特定健診を受診しない原因は何なのだろうか。この問いへの答えは一意に決まるものではない。なぜなら、健診を受診するまでにはいくつかのステップがあり、各ステップにおいて「受診の妨げとなる要因」が存在するからである。問題を整理して考えるために、受診までのステップを図8−1にまとめた。

受診までのステップは図の6つのステップに分けられる。各ステップに関連する「受診の妨げとなる要因」を考えてみると、例えば②については、そもそも特定健診を実施していることを知らない、③については、健診の存在は知っていても、「自分は健康だから大丈夫」と自信を持っており受診しないこと等が挙げられる。その先の④では、健診の存在とその必要性は理解しつつも、目先の仕事や余暇を優先してしまうこと、受診を翌年に**先延ばし**にしてしまうこと等が考えられる。このように、受診までのどのステップに着目するかで、その原因が異なる。結果、受診率向上施策も、どのステップに対して手を打つかで変化する。
この6つのステップの中でも、特に「③健診の必要性を理解する」「④健診を受診すると決める」の2つのステップについては、行動経済学的に解釈できる「受診の妨げとなる要因」が多数関わってくる。そこで、次節ではこの2つのステップを行動経済学的観点からもう少し詳しく考察する。
一方で、受診勧奨を行う自治体では人員や予算が限られているため、要因に対してやみくもにアプローチするのは現実的ではない。そこで、どのようなメッセージが受診率を向上させるのかという観点に加え、費用対効果にも着目する。[3]
本章の以降の流れとして、次節で健診受診の妨げとなる要因を行動経済学的に考察し、4節でそれらの要因に対して実際に横浜市で用いられたナッジを紹介する。5節では勧奨のデザインを説明し、6節で各ナッジによる受診率向上効果と費用対効果について述べ、最後に7節では他の自治体・保険者で横展開していく上でのポイントをまとめる。

3 特定健診未受診の行動経済学的メカニズム

では、行動経済学的メカニズムが多く関わっていると考えられる「③健診の必要性を理解する」

「④健診を受診すると決める」の2つのステップに関して、受診の妨げとなる要因を行動経済学的に考察したい。(4)

まず、「③健診の必要性を理解する」についてだが、ここで受診を妨げる要因としてよく現場で起きているのが、はがきなどの通知に受け手が理解し切れないほど多くの情報を盛り込んでいることである。伝統的経済学では、正しい情報を与えると人々は正しい行動を取るという合理的な仮定がなされているが、現実には人々が処理できる情報量は限られている。たとえ正しい内容であっても、その量が多すぎると、情報を正しく評価して適切に意思決定することの妨げとなる（**情報過剰負荷**）。

また、健診の内容が同じであってもその健診を「みんなが受診している」ものなのかどうかで、その必要性の捉えられ方は異なってくる。人々は、周りの多くの人が行っていることを自分も行うことで安心感や効用を得る傾向がある。そこで、周りの多くの人が行っているか、社会的に望ましい行動であるという規範が成立しているかが重要となる（**同調効果**、社会規範）。健診受診率が低いことが問題になっているので健診を受けましょう、という広報活動を自治体が行うことがある。しかし、この広報手法は「周りの人も受けていないから自分もいいや」という社会的に望ましくない行動が、社会規範であると受け取られて、受診を抑制することになる可能性が高いため注意が必要である。

続いて、「④健診を受診すると決める」について考えたい。ステップ③と異なるのは、ここではすでに「健診の必要性は理解している」という点である。このステップに関連し、自治体でよく行われている施策として、健診料金の無料化が挙げられる。被保険者の費用負担がなくなるため、この施策だけでも有効であるとは考えられるが、その魅力が効果的に伝わっていない可能性がある。例えば、健診が無料であることが、単に「無料」と表現されているよりも、「1万円相当の健診が無料」と表現されている方が、人々は無料の健診を魅力的だと感じやすい。これは、人々が参照点と呼ばれる基準をもとに物事を判断しているからである（**参照点依存**、**アンカリング効果**）。

また、このステップに関する要因を考える上で、行動経済学的によく使われる概念として「**時間選好**」や「**リスク選好**」という概念がある。ここでは、時間選好の面から考えたい[5]。

時間選好とは、将来発生する利益や損失を割り引いて（小さく）評価してしまうことを指す。特定健診で例えると、受診による病気予防という利益が生じるのは将来であるため、割り引いて評価するというものである。結果、目先の仕事や余暇を優先し、健診を受診しない。加えて、時間選好には、少し遠い将来のことについてはそれほど割り引いて考えないが、直近のことについて大きく割り引いて考えるという**現在バイアス**という特性がある。このため、受診しようと計画していても、いざ申し込みの時期が来ると「やっぱり来年受診すればいいだろう」と受診を先延ばしにしてしまうことも生じる。

現在バイアスによる先延ばし行動への対策としては、受診すると決めたのなら、その意思決定が変わらないうちに予約まで済ませてしまうようなシステム、すなわちコミットメントを提供することが有効と考えられる。図8-1で考えると、ステップ④から⑤への移行をいかにスムーズにするかがポイントとなる。

4 ナッジの戦略を考える

前節での考察をもとに、受診への行動変容に有効なナッジを検討する。なお、本章で紹介する横浜市では、**ナッジ**を用いたメッセージをSMSで送信するという受診勧奨を行った。

SMSの利用といったデジタル・トランスフォーメーション（以下、DX）は全国的に推進されている。2020年12月に「デジタル社会の実現に向けた改革の基本方針[6]」が閣議決定されるとともに、総務省では「自治体デジタル・トランスフォーメーション（DX）推進計画[7]」が策定された。その背景に、2020年度の特別定額給付金や持続化給付金などの新型コロナウイルス感染症に関する各種手続きにおいて、書類の送付先住所や振込口座の確認といった作業に多くの時間と労力が費やされ、行政サービスのデジタル化が急務であることが明らかになったことがある。本事例は、そうしたDXの流れにおける先駆けとしても示唆に富む。

横浜市では、2018年度まではがきによる受診勧奨を実施していた。仮に、特定健診対象者全員にはがきを送付すると、政令指定都市である横浜市規模では約48万人[8]への送付となり、1通送付するだけでも約5900万円の予算が必要となる（はがき1通123円として計算）。また、一般的に、受診勧奨は勧奨回数を増やすことでより大きな効果が見込まれるが、1回の勧奨で多くの費用をかけてしまうと予算的に勧奨回数が制限されてしまう。言い換えると、コストの低い勧奨手法を用いることによって、勧奨対象者や勧奨回数を増やすことは、受診率の向上にもつながる。こうした理由から、受診率を向上させるとともにコストを抑えられる手法が求められ、そこで着目されたのがSMSである。SMSが選ばれた理由は大きく3点ある。

第一に、SMSは、はがきに比べて印刷費や郵送費が抑えられるため、コストが低い。仮に、コストが2割下がるだけでも先程の約5900万円のうち約1180万円のコスト削減が見込まれる。第二に、SMSはスマートフォンで確認できるため、情報を目にするタイミングを選ばない。例えば、はがきであれば家に帰ってポストを開け、開封して中を見る、というようにメッセージの確認タイミングが限られる。一方、SMSはスマートフォンを持っていればいつでも確認が可能であり、中身を見てもらえる可能性が高くなる。第三に、実行しやすさの観点として、国保加入時に携帯電話番号を収集していたため、はがき以外にすぐに使用可能な勧奨媒体であった。

SMSのメッセージを作成する上では、前節で考察した「受診の妨げとなる要因」への対策を検討した。また、ナッジを考える上で有用なフレームワークである、英国ナッジユニット（BIT）のEAST(9)を活用した。EASTでは、Easy（簡単であること）、Attractive（魅力的であること）、Social（社会的であること）、Timely（タイミングが良いこと）が重要とされている。本事例では、このフレームワークに沿って「インセンティブ」「タイムリー」「規範」という3種類のメッセージを作成した。また、比較対象として、これらのメッセージとは別に「標準」メッセージを作成した。実際のメッセージの内容を図8-2に掲載する。

まず、標準も含む全てのメッセージに共通して、文字数を可能な限り抑え、伝えたい最低限の情報だけを記載している（Easy）。これは、前節の情報過剰負荷に対して有効である。

「インセンティブ」メッセージでは、「1万円相当の特定健診が無料で受診できる」ことを強調した（Attractive）。これは、前節での**アンカリング**効果を応用しており、参照点を1万円とすることにより、無料であることをより魅力的に感じてもらえると期待される。なお、無料であることはどのメッセージを受け取った対象者についても共通であり、金銭的インセンティブ自体は変更されていない。

「タイムリー」メッセージでは、「メッセージを受診した本人が現時点で未受診である」ことを強調した（Timely）。まさに今、受診しなければいけないという意識を持ってもらうことを期待した。なお、このメッセージでは、自治体からモニタリングされていることを受け手が意識する（見られているからちゃんと受診しないといけないと感じる）ことによる効果も含まれると考えられる。

「規範」メッセージでは、「特定健診を受けてもらうよう国から指導を受けている」ことを強調し、特定健診の受診が社会的要請であることを強調した（Social）。これは前節の社会規範を応用したものであり、「みんなが受けているのであれば、自分も受けた方がいいかもしれない」という意識に

図8-2　各メッセージの内容

〈標準〉

【横浜市からお知らせ】横浜市国民健康保険では、特定健診を無料で受診できます。3月末までに受診をお願いします
受診方法等はこちら→
https://www.city.yokohama.lg.jp/kurashi/koseki-zei-hoken/kokuho/kenko/
※国民健康保険加入の未受診者がいる世帯が送付対象
※受診済みの方等はご容赦ください
※市けんしん専用ダイヤル（045-×××-××××）

〈インセンティブ〉

【横浜市からお知らせ】1万円相当の特定健診が無料で受診できます。3月末までに受診をお願いします
受診方法等はこちら→
https://www.city.yokohama.lg.jp/kurashi/koseki-zei-hoken/kokuho/kenko/
※国民健康保険加入の未受診者がいる世帯が送付対象
※受診済みの方等はご容赦ください
※市けんしん専用ダイヤル（045-×××-××××）

〈タイムリー〉

【横浜市からお知らせ】確認したところ、特定健診が【未受診】でした。3月末までに受診をお願いします（無料）
受診方法等はこちら→
https://www.city.yokohama.lg.jp/kurashi/koseki-zei-hoken/kokuho/kenko/
※国民健康保険加入の未受診者がいる世帯が送付対象
※受診済みの方等はご容赦ください
※市けんしん専用ダイヤル（045-×××-××××）

〈規範〉

【横浜市からお知らせ】未受診者に特定健診を受けてもらうよう、国の指導を受けています。3月末までに受診を願います（無料）
受診方法等はこちら→
https://www.city.yokohama.lg.jp/kurashi/koseki-zei-hoken/kokuho/kenko/
※国民健康保険加入の未受診者がいる世帯が送付対象
※受診済みの方等はご容赦ください
※市けんしん専用ダイヤル（045-×××-××××）

（注）太枠の部分以外は各メッセージ共通.

訴えかけている。ここでのポイントは、実際の受診率は「みんなが受けている」といえるほど高くはないため、直接的に「○割の人が受診している」という書き方ができない点である。そこで、「国からの指導[10]」という言葉を用いることにより、多くの人が受診するものだという社会規範を意識してもらえるよう工夫されている。

なお、ＳＭＳはメッセージ内のＵＲＬから医療機関一覧に移ることができ、予約までのハードルがはがきよりも低くなっている。これにより、受診に対してコミットメント（予約）しやすいという効果が期待され、前節の時間選好に関する要因（受診の先延ばしなど）に対して有効かもしれない[11]。

以上、４つのメッセージをＳＭＳにより送信した。なお、ＥＡＳＴを応用したメッセージはこの他にも考えられるが、今回は「市民への心理的負荷をかけすぎない[12]」「ＳＭＳの文字数上限に入り切る」等の基準を中心にメッセージの選定が行われた。

5 ＳＭＳメッセージによる介入

前節の４つのメッセージをＳＭＳで送信した。また、効果測定では、ＲＣＴ（ランダム化比較試験）を行い、各メッセージが（標準メッセージと比べ）どの程度受診率を向上させるか検証した。なお、どのメッセージにおいてもＳＭＳの送信前に、はがきを１度送付している。これは、横浜市でＳＭＳ勧奨を行うのが初めてであり、ＳＭＳを送信する旨を事前に通知する必要があったためである。

今回の勧奨は、国保の特定健診対象者に対して２０１９年10月に行われ、２０２０年３月までの受診の有無を評価した。また、高齢者の中にはスマートフォンを所持していない、慣れ親しんでいない人も多くいると想定されたため、40、50代の長期健診未受診者(13)を対象とした。

6 ＳＭＳメッセージの有効性と費用対効果

各メッセージの受診率および対象者数を図８−３に、ロジスティック回帰の結果を表８−１にまとめる。図８−３より、比較対象である標準の受診率は５・５％であり、最も受診率が高い規範が７・３％、次いで高いタイムリーの受診率が７・１％であった。また、表８−１より、規範、タイムリーの係数はともに統計的に有意(14)に正の値をとっており、標準のメッセージよりも受診率が高いことを示している。メッセージの効果の大きさを限界効果（受診する確率が何ポイント上昇するか）で見ると、標準よりも、規範が１・８ポイント、タイムリーは１・７ポイント高くなるという結果になっており、規範とタイムリーの効果が大きいことが分かる。

なお、インセンティブの係数は正になっているが、有意とはならなかった。この理由の一つとし

図8-3　各メッセージの受診率および対象者数

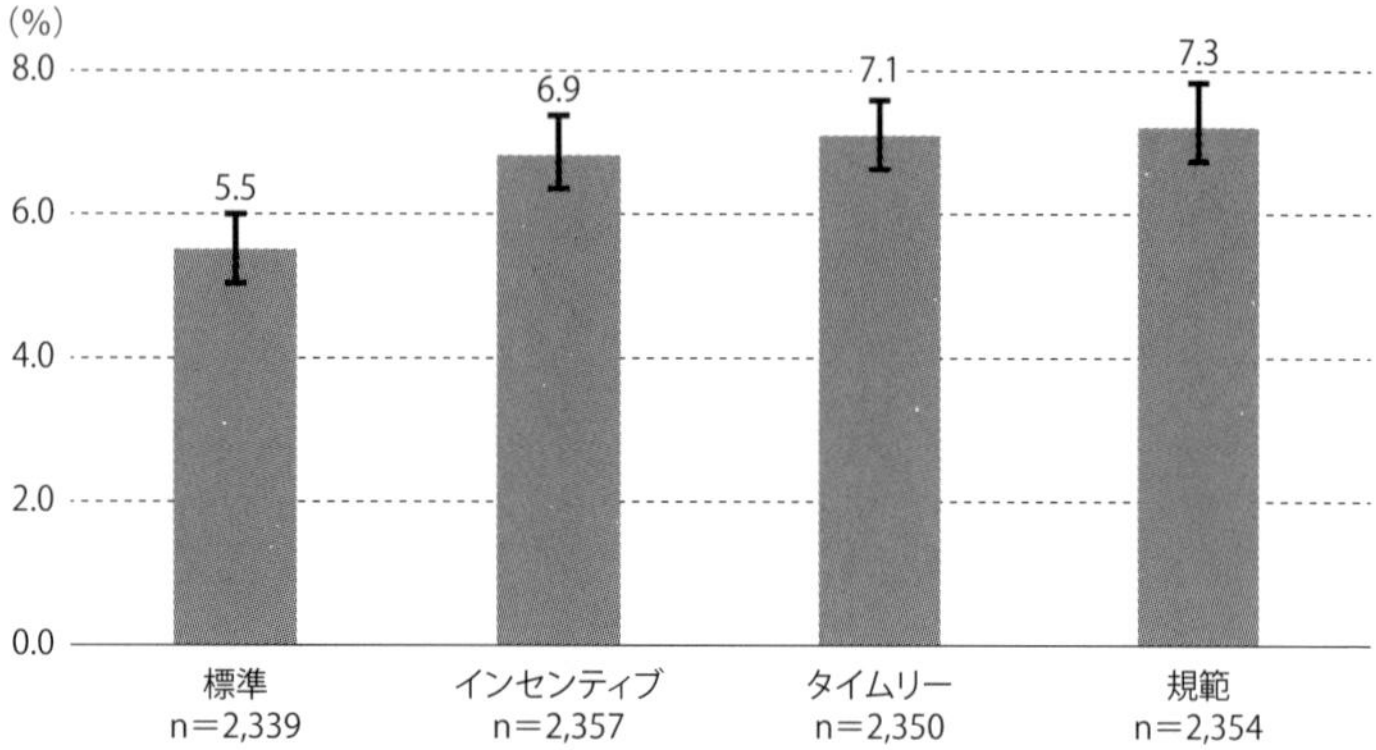

（注）縦軸は受診率，nは各メッセージの対象者数を示す．
（出所）筆者作成．

表8-1　ロジスティック回帰の結果

	β	exp（β）	限界効果
定数項	−2.044*** (0.370)	0.130	−0.127
インセンティブ	0.238* (0.122)	1.268	0.015
タイムリー	0.270** (0.121)	1.310	0.017
規範	0.296** (0.121)	1.345	0.018
年齢	−0.018** (0.007)	0.982	−0.001
性別 （男性：0, 女性：1）	0.200** (0.084)	1.221	0.012

（注）＊＊＊:p＜0.01, ＊＊:p＜0.05, ＊:p＜0.10.
n＝9,400.
（　）内は標準誤差，限界効果はAMPE（Average Marginal Probability Effect）を示す．
（出所）筆者作成．

表8-2　SMS2回群とはがき2回群の比較

勧奨方法	対象者数（人）	受診者数（人）	受診率[注1]（%）	1人あたり発送費用[注2]（円）
SMS2回	137	25	18.2	183
はがき2回	137	20	14.6	246

（注1）χ^2 検定を行い，統計的に有意な差は見られなかった（$p > 0.05$）.
（注2）発送にかかる費用はSMS1通30円，はがき1通123円（印刷費60円，発送費63円）として計算.
（出所）筆者作成.

て、標準を含む他の全てのメッセージにも「無料」という記載はされており、今回の場合、参照点による効果が他のメッセージと比べてあまり大きく認識されなかったことが考えられる。

また、費用対効果という面からSMSとはがきを比較するために、SMSを2回発送した群[15]（以下、SMS2回群）とはがきを2回発送した群（以下、はがき2回群）、それぞれ137名の受診率を比較した。[16] 結果は表8-2のとおりである。SMS2回群の方が受診率は高くなっているが、はがき2回群との間に有意な差は見られなかった。

一方で、発送にかかる費用は、SMS2回群は1人あたり183円（123+30×2）、はがき2回群は246円（123×2）である。つまり、SMS2回群の方が、1人あたり63円発送費用が低い。仮に、この2つの勧奨方法による受診率向上効果に差がないと仮定しても、特定健診対象者全体の約48万人に勧奨すると、その差は3024万円になり、SMS2回発送の方が費用対効果が高い可能性が示唆される。

また、この3024万円という差額を利用することで、はがきだと約25万通（3024万円／123円）、SMSだと約1011万通（3

024万円／30円）を追加で送ることが可能になり、受診率の向上にも寄与できる。

7 実践への示唆

今回の事例からは、特定健診の受診率向上に対して規範およびタイムリーのメッセージが有効であることが示唆された。また、SMSとはがきの比較では、受診率に有意差は見られなかったが、SMSの方が費用対効果が高く、予算が限られた自治体事業において望ましい手段である可能性も示された。本事例は2019年度に実施されたが、2020年度は横浜市行動デザインチーム（YBiT）とともに、全年代を対象にするといった勧奨規模の拡大が行われ、継続的な事業の有効性・効率性の検証およびその改善が進められている。

最後に、今回の事例から他の自治体・保険者に横展開していく上で有用と考えられる学びを3点まとめる。まず、SMSの送信のためには電話番号が必要という点である。普段から電話番号の取得率を高めておくとともに、個人情報利用の環境を整えておくことが重要である。

第二に、今回はSMSの文字数上限の関係で限られたメッセージしか入れることができず、こちらが意図したナッジメッセージとしてどこまで認識されているかは定かではない。事後的にアンケート調査を行うなどして、メッセージがどのように受け取られたかまで調べることにより、効果的なメッセージのアップデートを行うことが求められる。

第三に、SMSを用いることにより、対象者がどの段階で受診するのをやめたのか把握できるようになる。今回は、受診率という最終的な結果のみを計測したが、「SMSの開封率」「SMSからHPへの移行率」「HPでの受診予約率」といった数値も計測することにより、各対象者がどの段階まで進んだのかを把握することが可能になる。これにより、どの段階が障害となっているのかを詳細に捉え、各段階に応じたナッジを活用するといった発展も期待される。例えば、「SMSの開封率」が低い場合には、SMSを開かずにプレビューの段階で見られる最初の文字数内に規範等を用いたメッセージを入れることで注意を引いて開封率を高める、「HPでの受診予約率」が低い場合には、近所の病院を数カ所デフォルトとして提示することで予約を簡単にする（選択の負荷を減らす）といったナッジが考えられる。

前述のとおり、国全体としてDXを推進する流れにあるが、今後、スマートフォンに慣れ親しんだ世代が特定健診の対象者となってくることを考えると、SMSという手法を用いることができる層は益々拡大していくと予想される。このような観点からも、SMSナッジは有望な勧奨手法の一つとして挙げられるだろう。今回の横浜市に限らず、他の自治体・保険者における事例を蓄積しながら、その有効性・効率性を議論していくことが期待される。

（柏原宗一郎）

第9章

臓器提供意思表示促進のためのナッジメッセージの開発

【本章のポイント】

- 臓器提供の意思表示を増やすためには、免許更新等のタイミングでそれを促すナッジを整備することが重要である。運転免許更新センターにおいては、互恵性フレームを使ったメッセージの利用が効果的である。
- ナッジメッセージを使ったヘルスプロモーションの介入を企画する人は、自らのバイアスを意識し、「シンプルなメッセージの利用」を心がけるべきである。

救急医「患者さんは、元気な時、臓器提供について何と言っておられたでしょうか？」
家族「特に何も言っていなかったと思います。」
救急医「ご家族が同意していただければ臓器提供のドナーとなっていただくことができます。」
家族「そんなことを言われても私たちでは決められません……。」

1 臓器提供の意思表示の現状

２０１０年に改正臓器移植法が全面施行され、本人の意思が不明な場合には、家族の承諾で臓器が提供できることとなった。この年以降、臓器提供数が増えたが、そのほとんどは、本人の意思表示がなく、家族の承諾によるものである。改正臓器移植法施行後の移植の78・２％は家族の承諾による移植であった[1]。本人の意思表示が少ないことが、臓器移植を増やす上での課題となっている。

国際的には、臓器提供の意思表示についてはオプトインとオプトアウトという2種類の方法で運用されている。オプトインという方法では、臓器移植ドナーとなることの意思表示は、ドナーカードや登録フォームに自ら同意の選択を表示することで、その意思を示すものである。イギリス、アメリカ、そして日本等の国々ではこの方法で運用されている。この場合、臓器移植ドナーの同意率は、最も高いオランダで27・5％である。[2] 一方で、オプトアウトでは、意思決定の選択肢のデフォルトを「臓器移植のドナーとなることに同意」とし、拒否する場合に申告するものである。オランダや北欧の国々でこの方法が採用されており、この場合、最も同意率の高いオーストリアでは、99・8％である。[3] 臓器提供意思表示におけるオプトインとオプトアウトの違いは、行動経済学におけるリバタリアン・パターナリズム[4]から説明することができる。オプトアウトの場合は、パターナリズムが臓器提供に同意する方向であることをはっきりと示した上で、拒否の権利を保障（リバタリアン）するという方法である。一方で、オプトインは、臓器提供に同意するのは個人の能動的な意思決定（リバタリアン）が前提となっており、それに加えて政府や行政が臓器提供の意思表示を推奨する（パターナリズム）という方法である。そのため、オプトアウトが採用される国では、臓器提供は全ての国民がそうすべきであるという社会的コンセンサスが成立していることが前提であり、その導入には国民的議論が必要である。先の例で、オプトインであったオランダは、その後の国民的議論を経て２０２０年からオプトアウトに移行している。[5] 日本では、臓器提供をしたいと考えている人は41・9％で、そのうち臓器提供の意思表示をすでにしている人が12・7％であり、[6] まだ臓器を提供することをデフォルトにするという国民的なコンセンサスが得られているとはいえない状況である。そのため、臓器移植のドナーを増やすためには、オプトインの運用の中で、意思表示をしている人を少しでも増やすことが必要である。そこで、臓器提供の意思表示を促進するナッジの構築が求められる。

2 なぜ臓器提供の意思表示をしないのか？

「なぜ多くの人は、臓器提供の意思表示をしないのか？」についての主な理由は、そのコストの大きさである。現在、日本においては臓器提供の意思表示をするためには、運転免許証、健康保険証の裏面や日本臓器移植ネットワークが配布しているカードに記入する方法がある。カードにチェックを入れてサインをするだけなので、それほどコストの高い行動であるとは思えないが、どのような意思を表明するかについては、自分自身の将来において想定したくない状況を考えた上で、どちらにするかを決めなければならないという点で心理的な負担がとても高い作業である。よってこの心理的負担というコストに対して**損失回避的**になると考えられる。また、臓器移植のドナーになるかもしれない状況は、一般の人にとってはかなり先の将来に発生するものであるため、あえて「今決める必要がない」と捉えられる。すなわち**現在バイアス**が生じやすい意思決定であるといえる。また普段の日常生活では、臓器提供について考える機会、「**きっかけ**」自体が非常に少ない。そのため、一度その機会を逃してしまうと再び臓器提供の意思表示をしようという機会はかなり先になることになる。例えば、運転免許証を取り出す機会があれば臓器提供のことを思い出すことになるかもしれないが、日常的にはそれをすることは少ないと考えられる。

そこで、臓器提供について考える「きっかけ」を増やしつつも、そもそも少ない臓器提供について考えるタイミングで、確実にそのことについて考えると同時に、記入に伴うコストを減らし、一方で、記入することで生じる利得、もしくは記入しないことで生じる損失を認識することで、臓器提供の意思表示を促進することができるのではないかと考えられる。

3 臓器提供意思表示を増やすナッジの戦略

臓器移植ドナーを増やすためには、臓器提供の意思はあるにもかかわらず、意思表示カードに提供意思を記入していない人を減らすことが有効である。そこで、行動経済学の考え方を応用することによって、臓器提供意思表示を増やすためのナッジの戦略を考えることができる。まず、その基本的なメカニズムとしては、先述のように、臓器提供意思表示について考える「きっかけ」の増加、適切なタイミングで、臓器提供意思表示を「そっと後押しする」のに有効なメッセージの開発を含む、より負担なく意思表示行動ができるような仕組みの構築である。特に多くの国民が所有している運転免許証、健康保険証の裏面への記入を増やすことが最も有効な方法である。

このようなナッジの戦略は、すでにイギリスで社会実験が行われている。イギリスの行動洞察チームは、Webでの運転免許証の書き換えの際に、臓器移植ドナー登録を勧誘するためのナッジについてランダム化比較試験を行った[7]。交通事故を防ぐために、事故や安全運転についての情報提供をしたり、運転免許証には有効期限があるので、運転免許証の書き換えは、一人の人が数年に1度行うものである。そのため、意思表示を行う「きっかけ」として、臓器提供の意思表示を促進するには優れたタイミングである。この研究では、約108万の人を8つのグループにランダムに分けて、Webによる運転免許更新手続きの終了時に表示されるWeb画面においてNHS(国民保健サービス)の臓器提供意思登録のWebサイトへのリンクを表示させ、その際、8つの異なるナッジメッセージを表示させた。

最初のメッセージは、「臓器移植のドナー登録をお願いします」とだけ書かれ、登録サイトへのリンクが貼られていた。これがコントロールメッセージとなった。2番目のメッセージは、コントロールメッセージに加えて、「毎日このページを見た数千人が登録しています」という社会規範を強調したメッセージであった。3番目のメッセージは、このメッセージに人々の集合写真を加え、4番目のメッセージは、臓器移植のドナー登録をしているイギリス国立血液サービスのハート形のロゴマークが加えられている。5番目のメッセージは、「臓器提供が十分にないので毎日3人の人が亡くなっています」という損失メッセージであった。6番目のメッセージは、「あなたが臓器提供することで9人までの命を救えます」という利得メッセージであった。7番目のメッセージは、「臓器移植が必要になったとき、あなたは臓器を提供してもらいたいですか？　もしそうなら他の人を助けましょう」という互恵性に訴えるメッセージであった。8番目のメッセージは、「あなたが臓器提供を大切なことだと思うなら、それを行動に変えましょう」というものであった。これは、意図していることと行動に差があることに気づかせることによって、行動変容をもたらすという、運動や喫煙行動についての研究の知見をもとにしたものであった。

これらのメッセージを表示後、実際にドナー登録をどれほどの人が行ったかを比較したところ、コントロールメッセージの登録率が2・3％であったのに対して、最も臓器移植のドナー登録数が多くなったのは、7番目の互恵性メッセージで3・2％の登録率であった。その次に有効だったのは、5番目の損失メッセージ（3・1％）であった。

この知見から、日本においても臓器提供の意思表示を増やすために、ナッジメッセージを作成し、運転免許更新時に何らかの手段で提示することで、意思表示者を増やすことができるのではないかと考えられる。

4 運転免許更新センターにおける臓器提供意思表示を増やすナッジメッセージ

そこで、このイギリスでの取り組みを参考に、厚生労働省の研究班[8]において、日本においても運転免許更新時における臓器提供意思表示の促進のための実験的検証を行った。[9]イギリスでは、互恵性メッセージと損失メッセージが、臓器移植のドナー登録を増やすのに効果的であった。しかし、ナッジメッセージの有効性は文化によって異なる可能性があり、改めてその効果を検証することとした。

実験は、警察庁の協力を得て、東京都の運転免許更新センターで行った。運転免許更新センターで免許更新の講習の受講のために集まった人を対象に、講習開始までの待ち時間に臓器提供意思表示に関するリーフレットと質問紙をセットにした用紙を配布した。講習が終了し、免許証を受領した後、出口で調査員がアンケート用紙の回収を行った。2018年2月27日から3月12日にリーフレットと調査票が配布され、配布数は7615枚で、有効回収数は3729、有効回答数は3375であった。

この研究では、6種類のナッジメッセージを用意した。メッセージ1は、「既にたくさんの人が臓器提供の意思表示をしています」という社会規範をピア効果によって想起させるものである。これは、BITが用いた確定申告者への納税督促のためのメッセージの中で最も有効なものであった[10]。メッセージ2は、「あなたの意思表示で6名の人の命を救うことができるかもしれません」という利得メッセージになっている。メッセージ3は、「ドナーが十分にいないために、毎週5人の命が失われています」という損失メッセージである。メッセージ4は、「あなたも人から臓器提供を受けることが必要になるかもしれません」という互恵性に訴えかけるものである。メッセージ5は、メッセージ1のピア効果のメッセージにメッセージ4の互恵性メッセージを追加したものである。メッセージ6は、臓器移植に関する説明文になっている。これら6種類のリーフレットはランダムに配布された。アンケートでは、リーフレットのメッセージを読んで、臓器提供意思表

図9-1　運転免許更新センターで配布したリーフレットとアンケート用紙
（ピア効果メッセージ、表面のみ）

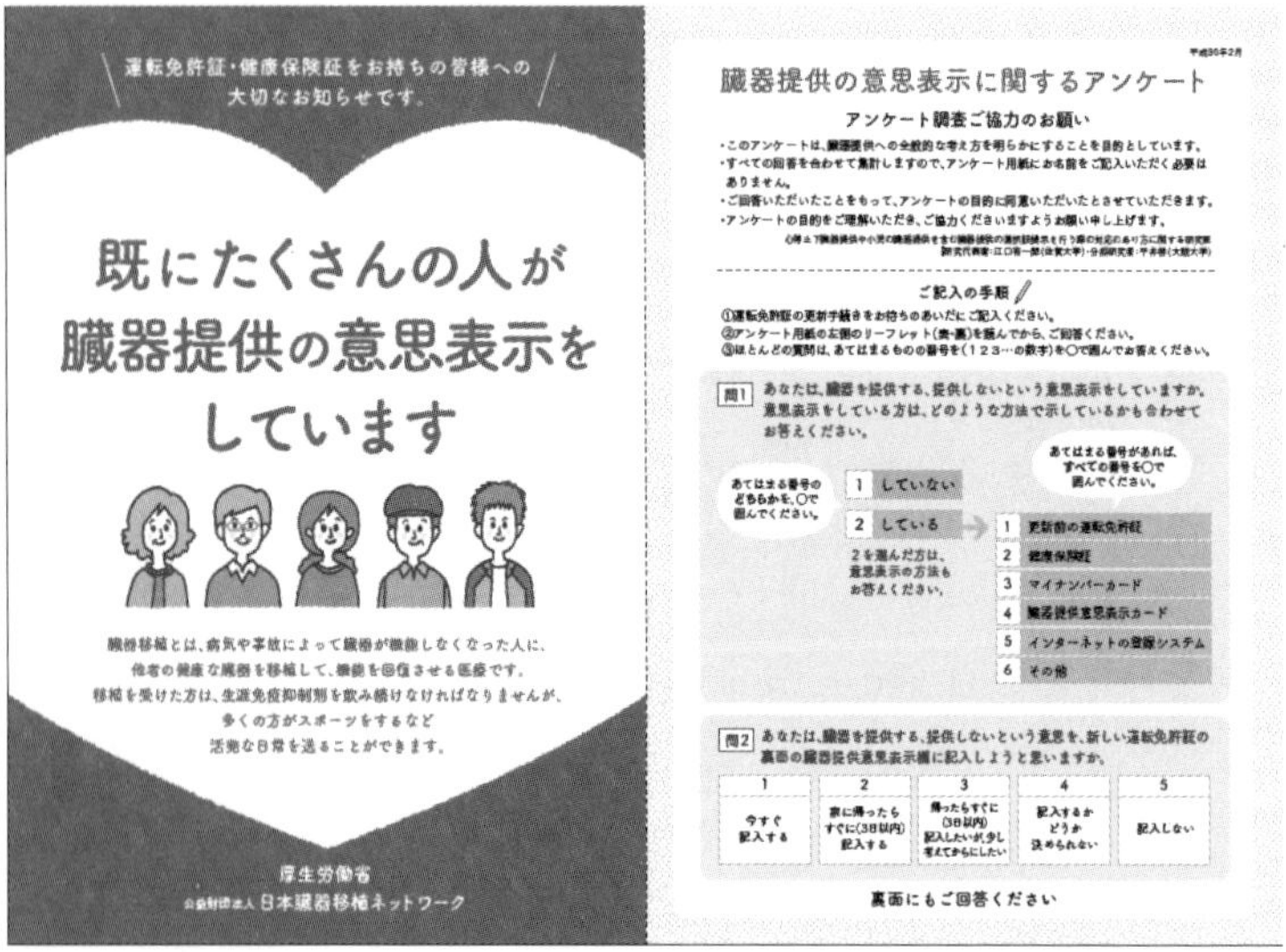

（出所）Hirai et al.（2020）.

示について、「今すぐ記入する」「家に帰ったらすぐに（3日以内）記入する」「帰ったらすぐに（3日以内）記入したいが、少し考えてからにしたい」「記入するかどうか決められない」「記入しない」の5つの選択肢から一つを選ぶように求められた。

5 臓器提供意思表示に対するナッジメッセージの効果

調査の結果、まず明らかになったのは、新しい運転免許証の臓器提供意思表示欄に記入するという意向を持つ人は、すでに臓器提供意思表示をしていることに影響を受けることが明らかとなった。その上でまず、「あなたも人から臓器提供を受けることが必要になるかもしれません」の互恵性メッセージが、「今すぐ記入する」「家に帰ったらすぐに記入する」を統計的に有意に増やすことが明らかとなった。一方で、「ドナーが十分にいないために、毎週５人の命が失われています」の損失メッセージは、「家に帰ったらすぐに記入する」を有意に増やす一方で、「記入しない」を有意に減らすことが明らかとなった。さらに興味深い結果として、互恵性とピア効果を組み合わせたメッセージは、コントロールのメッセージとほぼ変わらないことが明らかとなった。

この調査に加えて研究班では、Ｗｅｂ調査においても同様の実験を行った。その結果、互恵性メッセージに加えて、ピア効果のメッセージにも有効性が見られた[11][12]。さらに運転免許更新センターでの調査の翌年度から、講習時に厚生労働省の作成した臓器提供意思表示についてのビデオが流されることとなったため、その有効性について検討するため、２０１９年度にも同様の調査を行った[13]。その結果、回収した２００２人のデータのうち臓器提供意思表示の質問に回答していた１７９８人を解析の対象とした。

「臓器提供意思表示」に関するビデオを観たことを覚えていると回答した人の割合は47％であり、ビデオに影響を受けたと回答した人の割合は26％であった。ビデオ視聴の影響と臓器提供意思表示の影響の関連について検討したところ、ビデオ視聴を覚えている人と、臓器提供意思表示の意向には有意な関連は認められなかった（p＝0・07）が、ビデオ視聴の影響と臓器提供意思表示の意向には有意な関連が認められた（p＝0・001）。なお、2019年度の調査でも互恵性フレームにおいて、記入意向を示す人が最も多かった。

これらの結果から、運転免許更新センターにおいては、互恵性フレームを用いることが最も臓器提供意思表示を高めるということが明らかとなった。一方で、Web調査の結果からは、Web媒体のような一般的な場面においては、ピア効果フレームの方が有効である可能性が示された。このことから、運転免許更新センターでの免許証をもらったタイミングで記入を呼びかけるというナッジにおいては、互恵性フレームを使ったメッセージを使うことが効果的であると考えられる。一方で、運転免許更新センターならびにWeb調査でそれぞれ効果が認められた互恵性とピア効果を組み合わせたメッセージは、介入効果の相乗効果が認められるのではなく、むしろコントロールメッセージと同じくらいの影響しかないことが明らかとなった。このことから、キャッチフレーズとなる部分のナッジメッセージが長いメッセージであると、内容が読まれにくくなったり、理解されにくくなったりするようである。シンプルなメッセージを利用することが、ナッジメッセージとしては妥当であると考えられる。ビデオの視聴については、内容を理解した人は影響を受けるが、そもそも興味のない人には影響がみられなかったため、より注意や興味を引く工夫が必要であると思われる。

6 実践への示唆

臓器提供意思表示を増やすためには、まずはその記入の機会となる場面での意識づけ、リマインドが最も有効な方法である。運転免許更新のタイミングは、今まで臓器提供意思表示をしていた人も、再びサインをしないといけない場面であり、確実にその必要性を意識してもらうことが重要である。そのため、運転免許更新センターだけでなく、警察署などの窓口でも臓器提供意思表示を呼びかけることをデフォルトとすることが必要であると考えられる。さらに、運転免許更新センターでは、「あなたも人から臓器提供を受けることが必要になるかもしれません」という互恵性フレームを使ったメッセージを利用することが推奨される。損失フレームとピア効果フレームも有効性が示されたが、Ｗｅｂ媒体での表示など、場面によって使い分けることも必要かもしれない。

もう一つ、実践への重要な示唆として、互恵性フレームとピア効果フレームを組み合わせたメッセージに効果がなかったことがある。これは、たとえそれぞれが効果があるメッセージであったとしても、それを組み合わせるとより効果があるというわけではなく、長いメッセージは、対象者が読む気を失ったり、理解が追いつかなくなったりする可能性が高いということである。これは、このようなヘルスプロモーションや普及啓発の取り組みの企画者が、しばしば重要だと思うことを媒体に盛り込みすぎて、分かりにくくなり、プロモーションや啓発活動が十分なインパクトを持たないことの背景と共通する知見であると考えられる。企画者の「対象者を説得したい」「正しい情報を理解してもらえれば行動は変わる」という自らのバイアスがこの背景にあると考えられる。ナッジメッセージを使ったヘルスプロモーションの介入を企画する人は、これらのバイアスを意識し、「シンプルなメッセージの利用」を心がけるべきである。

（平井　啓）

第10章

自分のペースで今後の医療・ケアを話し合うための人生会議
―アドバンス・ケア・プランニング―

【本章のポイント】

- 今後の医療・ケアを話し合うにあたって、価値観が絶えず揺れ動くというのは、障害バイアスや投影バイアスによるもの。
- 「人生会議（ACP）」の話し合いのきっかけ作りのための戦略（ナッジ）として、「利得フレーム」「損失フレーム」「デフォルト設定」がある。
- 九州がんセンター「自己記入問診票」という「デフォルト設定（あらかじめ人生会議で話し合う内容を設定し、話し合うきっかけを提供する）」によって、患者の価値観をもとに「自ら」振り返り、「自ら」のペースで「今後の医療・ケア」を「繰り返し」話し合っていく

きっかけ作りを構築できた。

主治医「これから先、病状が悪化して身の回りのことをすることができない状態になった時のことをお考えになったことがありますか？」
患者「滅相もない。そんなこと想像もしたくないです。まだまだ、私は頑張っていきますよ。」
主治医「（これからどんどん悪くなると思うのだけど、どうしよう……）そうですね。頑張ってやっていきましょう。」

1 「終末期医療ポスター」が炎上した理由

2019年に厚生労働省の「終末期医療ポスター」が炎上した。お笑い芸人の小籔千豊さんが患者役を演じ、人生の最終段階の終末期にどのような医療やケアを受けたいか、事前に家族や医療者と話し合っておくよう啓発したポスターだ。病院のベッドに横たわった小籔千豊さんは、死に瀕した苦しそうな姿で、「大事なこと何にも伝えてなかったわ」と元気なうちに家族と十分に話し合っていなかったために、自分の気持ちが正しく伝わらなかったとして「人生会議：アドバンス・ケア・プランニング（ACP）」の必要性を呼びかけたものだった。しかし、「死の恐怖を煽っている」「不安を煽っている」等の批判が殺到し、わずか1日でポスター発送が中止となった。

なぜ、炎上したのか？　「人生会議：アドバンス・ケア・プランニング（ACP）」とは、意思決定能力を有する個人が、各々自らの価値観、〝生きがい〟を振り返り、重篤な疾患の意味や転帰について十分に考え、今後の治療やケアについての目標や意向を明確にし、これらを家族や医療者と「繰り返し」話し合うことができるようにすることである（図10-1）。また、最新のACPの定義では、「意思決定ができなくなった時」だけでなく、「意思決定できる元気な状態の時」も含め「終末期だけでない」将来のことも「繰り返し」話し合うこととされている[1][2]。厚生労働省の「終末期医療ポスター」は、「人生の最終段階のことを決めること」だけに焦点を当て、その人の価値観を土台にした、決めるまでの「繰り返し話し合う過程」が大切であるというメッセージが伝わらなかったから炎上したのではないであろうか。確かに、このように死の恐怖を想起させる、事前に伝えることができなかったという後悔としての「損失メッセージ」が強力なことは、行動経済学でいう損失回避から知られている。しかし、欠点として、このようなメッセージを見たくない人には、このポスターは侵襲的となる。また、見た人が嫌悪感を抱くというのもナッジのEAST[3]の原則からすれば魅力的ではなく適していないと考えられる。

いずれにしても、「人生会議：アドバンス・ケア・プランニング（ACP）」の啓発にあたって、損失メッセージか利得メッセージか、それとも別の表現か、という場合に、今回の厚生労働省の

図10–1　アドバンス・ケア・プランニング（Advance Care Planning: ACP）とは（最新の定義）

参考　昔の定義　：意思決定ができなくなった時の医療のことを話し合う
　　　最新の定義：意思決定できる元気な状態の時も含めて将来の医療のことを話し合う

①患者と関係者間の信頼関係を絶えず構築していく
②患者の意思決定能力の評価を行う
③患者の過去の経験を尋ねる
・家族や友人が重篤な病気になった経験があった場合、その時どう感じたか
・患者の人生で最も大切にしていること、生きる意味を与えているもの
・重大な出来事に直面した時に支えとなったこと　　など
④これらを踏まえ、
患者の価値観、信念の理解、生活を含めた全体的な目標を確認する
⑤今後の医療ついて話し合う心の準備があるか確認する

これらを普段からさりげなく行いながら、これらの情報を土台とし、

⑥医療者から患者や家族へ、医療やケアに関する十分な情報提供と対話を行う（診断名、疾患経過、予後、可能な治療やケアの利点と欠点など）
⑦病状や治療選択や予後、疾患・治療選択が原因で起こりうる生活変化の可能性の共有と理解確認
⑧病気や治療以外のことも含めた、患者の自分らしさに関わる生活上の気がかりや希望の確認（4つの領域（身体的、心理的、社会的、スピリチュアル））
⑨その上で今後の治療やケアに関する患者本人の意向や希望を尋ねる（アドバンス・ディレクティブ（事前指示）の情報提供を含む）
⑩その希望や価値観を、患者を取り巻く関係者（代理意思決定者（家族）・医療者）と話し合い、事前指示内容の周知と目的の確認
⑪患者の価値観や医療に関する希望のカルテを記録し、それを基に継続的な話し合いを行い、患者の情報を繰り返し更新すること

（出所）大谷弘行．アドバンス・ケア・プランニング．日本緩和医療学会編，専門家をめざす人のための緩和医療学 改訂第2版．東京：南江堂；2019.

「終末期医療ポスター」は、事前にオンライン調査等で評価をするという科学的手法が取られていなかったことも問題であったかと思われる。伝統的な広告会社のコピーライターのセンスに頼ったポスター作成が、炎上を招いた可能性が大きいと思われる。言うなら、BASIC[4]の枠組みで、事前に介入による評価がなされていなかったことで、「人生会議：アドバンス・ケア・プランニング（ACP）」が後退することになった。こうした広報戦略にも積極的に事前に介入による評価をする必要性があると思われる。

2 人生会議：アドバンス・ケア・プランニング（ACP）のコミュニケーションとしての難しさ

厚生労働省の「終末期医療ポスター」が炎上したように、「人生会議：アドバンス・ケア・プランニング（ACP）」をすすめることは容易ではない。ACPコミュニケーションは、その人の〝価値観を土台にした〟今後の医療・ケアを「繰り返し話し合っていく過程」が大切である。しかし、全ての医療は「不確実」である。そして、「病」がその方の人生の中で意味することも十人おれば十人違う。また、そもそも経験していない将来の意向を予測すること自体難しく、同じ人であっても病状によって絶えず希望は揺れ動く[5][6]。それぞれの方が、「病」が人生の中で意味すること・〝生きがい〟をもとに「自ら」振り返り、「自ら」のペースで「今後の医療・ケア」を「繰り返し」

話し合っていくきっかけ作りを構築できないものだろうか？　その背景について考えてみる。
まず、生命を脅かす病に罹患した人は、特に、不安に思っている時や身体症状がある時は、とにかく早く問題を解決してくれるであろう選択肢を選び、治療の危険性を軽視し、成功率を過度に高く見積もってしまいがちとなる。[7]「病」はその方の人生の一部である。本来、「病」の中にあっても自身の〝生きがい〟、そして「病」が人生の中で意味することについて考え、人生行路（life journey）である今後の旅路（これからの医療やケアについて）を考えていくことが理想と思われる。しかし、「病」にふりまわされるまま、「病」の全体像を考えることは後回しにし、〝亡くなる直前まで〟一目散に自らの人生を差し置いて「積極的な治療」を受けがちである。[8][9]
「医療者」にも、行動経済学的なバイアスがある。限られた診療時間の中で、病状によって絶えず揺れ動く目の前の人の人生行路や〝生きがい〟にまで医療者が目を向けることは難しく、目の前の人を「人」としてではなく「患者」として、診療ガイドラインに沿ったいつもどおりの決まった手順に沿った治療に専念し続けがちとなる。また、目の前の人との診療上の付き合いが長い場合には、〝馴れ合い（collusion）〟の中で、もし病状に悪い兆候があったとしても、その先々の〝もしもの悪い話題〟を出しづらくなり、互いに無意識の中でつらい意思決定をなるべく先延ばしにし、ずるずると（on and on）、しかし診療ガイドラインに沿って、現状の医療を続けていくこととなる。[10]早く治療方法の変更について患者と話し合いの場を持つ方が望ましいと分かっているのに、それを先延ばしにするのは、典型的な現在バイアスである。

3 ACPコミュニケーションの行動経済学的メカニズム

生命を脅かす病に罹患した人が、その時の病状によって、「価値観・〝生きがい〟が絶えず揺れ動く」というのは、障害バイアス（disability bias）や投影バイアス（projection bias）によるものであると考えられる。将来こうなったらと考えていても、その際には今を基準に考えていることが多く、実際にその状況になってみたときのことを十分には想像できていなかったことが多い。私たちはどうしても、現在のことをそのまま将来に投影してものごとを考えがちである。そのため、過去に考えていた〝生きがい〟は変化する。このため、価値観・大切にしていることを土台にしたACPコミュニケーションは繰り返し行う必要がある。すなわち、絶えず揺れ動くその人の〝生きがい〟をもとにした先々の医療の話し合い（その方の〝生きがい〟をもとに「自ら」振り返り、「自ら」のペースで「今後の医療・ケア」を「繰り返し」話し合っていく）を、さりげなく行っていくことを想定した戦略（ナッジ）の構築が必要である。

また、前述の「生命を脅かす病に罹患した人は、……とにかく早く問題を解決してくれるであろう選択肢を選ぶ」という傾向は、行動経済学で多くの人間が持っている特性として挙げられているものと対応している。早く問題を解決してくれるものを選びやすいというのは将来の満足度を重視せず今の満足度を重視するもので、**時間割引率**が高いということである。これは、生存時間が短いと感じれば、今を重視する傾向がより高くなるということである。治療の危険性を軽視するのは、健康状況がこれから悪化することに直面すると、人は損失局面でものごとを考えるようになるからである。損失局面では、少しの損失も大きな損失もあまり変わらないと考えやすくなって、リスクを取りやすくなる。また、治療の成功率については、非常に小さな確率を過大に意思決定で評価するという確率加重関数の特徴と対応する。

さらに、「病」にふりまわされるまま、〝亡くなる直前まで〟一目散に自らの人生を差し置いて積極的な治療を受けがちとなるのは、**サンクコスト・バイアス**（sunk cost bias）：「ここまでやって来たのだから続けたい」、**現状維持バイアス**（status quo bias）：「まだ大丈夫」、**現在バイアス**（present-bias）：「今は決めたくない」、hot-cold bias：「（不安の中）これより悪いことが起こるはずがない」などが関連している。例えば、進行乳がん患者は、副作用がありながらも、長年、何種類もの抗がん剤治療を頑張って続けてきている。このため、サンクコスト・バイアスとして、「こんなに頑張ってきた、だからひどい副作用があっても抗がん剤治療を頑張る」ということが生じる。さらに、心不全や慢性呼吸器疾患のような慢性疾患は、病状が非常に重篤で入院となっても、回復し日常生活に復帰することが起こりうる。このために、**参照点効果**（デフォルト効果）として、判断の基準は「悪くなっても、また元気になる」となるため、徐々に体力が落ちてきても「また元気になるはずだ。効果がないから治療を中止する」という判断がしにくくなる。また、人は、**損失回避**のために、「大きな変化を避けたい、現状の維持を好む傾向（現状維持バイアス）」「つらい意思決定は、なるべく先延ばしにしたい傾向（現在バイアス）」という事態が生じる。これは患者だけでなく、前述のように医療者にも当てはまる。このため、これらを想定した戦略（ナッジ）の構築が必要となる。

しかし、ここで注意をしなければならないことは、人は自ら受け入れがたい強い感情や体験をした際に、無意識下に不安から自らのこころを守るための働きが生じることである。この反応は心理的防衛機制（否認）とも呼ばれ、例えば、悪い知らせを聞いても〝無意識に〟否認し、あたかも聞いていなかったかのように振る舞う（病状や今後の治療について非現実的に楽観視する）ことが生じる[11]。この反応の表現形として、「意思決定を先延ばしする」ことも生じる。この「先延ばし」は不安からこころを守る働きであるため、先々を話し合う戦略（ナッジ）の介入ではなく、不安を焦点にした介入を行わなければならない。このため、ACPコミュニケーションのきっかけ作りの戦略（ナッジ）の構築にあたって、医療者が「その人の意思決定の先延ばし」が心理的防衛機制によるものかの可能性の見極め判断をしつつ（後述の心理的防衛機制（否認）反応としての「白紙」の問診票等）、生命を脅かす病に罹患した方が「自らのペースで」コミュニケーションできる配慮が必要となる。

4 ACPコミュニケーションのナッジ

これらの行動経済学的メカニズムの分析のもと、生命を脅かす病に罹患した際の、「将来の一番いいことを期待しつつも、もし悪い方向にいってもあわてないように準備しておく（Hope for the best, and prepare for the worst)」ために、[12] 先々の医療に対する目標と希望にあたって、病状によって絶えず揺れ動くその方の〝生きがい〟をもとにした話し合いを、先延ばしにせずに（しかし、先延ばしの自由選択権も残しながら）思案していくきっかけ作りための戦略（ナッジ）として何かできないかと考えた。

ACPコミュニケーションのきっかけ作りのための戦略（ナッジ）として大きく3つのフレームが考えられる。すなわち、「**利得フレーム**（人生会議をしておくと、こんな良いことがある）」を使った戦略（ナッジ）と、「**損失フレーム**（人生会議をしておかないと、こんな不利益がある）」を使った戦略（ナッジ）と、さらに「**デフォルト設定**（あらかじめ人生会議で話し合う内容を設定し、話し合うきっかけを提供する）」を使った戦略（ナッジ）である。

冒頭の厚生労働省の「終末期医療ポスター」は、死の恐怖を想起させて、事前に大事なことを伝えることができなかったとして、後悔という「損失フレーム」を強調している。確かに、このような損失メッセージは、損失回避の理論から強力なことは知られている。しかし、前述のように、欠点として、このようなメッセージを見たくない人には、このポスターは侵襲的となる。また、見た人が嫌悪感を抱くというのもナッジのEASTの原則からすれば魅力的ではなく適していない。また、「将来どのような医療やケアを受けたいか」と言われても、経験していない将来の意向を予測すること自体難しく、意向は絶えず変動する。このため、「人生会議：アドバンス・ケア・プランニング（ACP）」は「繰り返し」話し合う過程が本質とされている。しかし、損失メッセージは、一回限りの行動を促すものには効果的であるが、繰り返し行う必要がある行動変容には、繰り返し刺激を受けることとそのものを嫌うので効果が小さくなる可能性がある。

一方、「利得フレーム」としては、どのようなものが考えられるだろうか。ACPコミュニケーションの本質は、その方の人生を振り返り、培ってきた価値観・大切にしていることを土台にして、先々の医療について「繰り返し」話し合っていくものである。このため、ACPで訴えかけるタイプのものとしては、その方らしさについて（その方が大切にしていること等）、「繰り返し」話し合うことが報酬として見なされるようなメッセージが考えられる。つまり、生きているうちに人生会議をすることでそのたびに喜びが得られる（自らの人生を振り返り、そして今後の医療・ケアにおける自分らしさを考えるきっかけになってよかったと思える）という「利得フレーム」として訴えかけるメッセージが考えられる。例えば、他の方の体験談（ACPの話し合いをしてよかった体験談）などが挙げられる（厚生労働省ホームページ『『人生会議』してみませんか[13]』）。

では、「デフォルト設定（あらかじめ人生会議で話し合う内容を設定し、話し合うきっかけを提供する）」

を使った戦略（ナッジ）として、どのようなものが考えられるだろうか。ここでは、2つの戦略（ナッジ）を紹介する。まず、第一に、米国のAriadne Labsの緩和ケアに携わる医療専門職チームによって作成された「重篤な疾患を持つ患者のケアプログラムSerious Illness Care Program（SICP）」である。[14] これは、構造化した会話のシナリオ（患者の目標、価値観、優先事項等を尋ねるシナリオ）を、そのままシナリオどおりに患者に尋ねることで（図10－2）、「今後の医療・ケア」を重篤な疾患を持つ患者と「繰り返し」話し合っていくきっかけが「外的コミットメント」として機能している。この結果、「より多く」の、「より早く」「よりよく」「よりアクセスしやすい」腫瘍医主導の「重篤な病気に関する会話serious illness conversation」を含む4つの重要な会話指標の大幅な改善をもたらしたことが明らかになっている。

第二に、自己記入問診票を用いた「デフォルト設定」の戦略（ナッジ）が考えられる。自己記入問診票は、患者から直接得られる報告に基づくもので、「記載をすることによって自らのことを考えるきっかけ」となり、診療場面ではなかなか口頭では言い出せない本音も伝えやすくなるという可能性が示唆されている。[15] 医療機関の受診前に毎回記入が求められる問診票に、あらかじめACPで話し合う内容を設定し、話し合うきっかけを提供する。後述のように、外的コミットメントとして、患者の記載によって医療者が、（人生会議に関連した記載内容について）会話するきっかけとなり、医療者の先延ばし行動防止ともなり、また、「内的コミットメント」として、医療機関の受診前に毎回同じことを尋ねることで、白紙のままで回答しないという選択権も与えながら、

図10–2　話し合いの手引き

重篤な病気を持つ患者との話し合いの手引き

話し合いの流れ	患者に対する話し方の例
1. 話し合いを始める ・目的を伝える ・将来の意思決定のための準備 ・許可を求める	「あなたが今後希望される医療やケアを提供することができるように、あなたの病気が今後どうなっていくかをお伝えし、あなたにとってどんなことが重要かを前もってお聞きしておきたいと思うのですが、**よろしいでしょうか？**」
2. 患者の理解と意向を確認する	「ご自分の病状についてどのように**理解**されていますか？」 「今後、病気がどうなっていくかについて、どの程度お知りになりたいですか？」
3. 今後の見通しを共有する ・今後の見通しを共有する ・「…だとよいのですが、…を心配しています」「…を願っていますが、…を心配しています」などの表現を使う ・間を置きながら話し、感情を探る	「あなたの病状について、**私が理解している範囲**でお伝えしたいと思います…」 不確実性：「あなたの病気が今後どのように進行するか予測する事は難しいと思います。できるだけ長く、病気が進行せずに**元気で過ごしていただきたいと思っています。同時に、**病状が急に悪くなる可能性もあり、そのことを（とても）**心配しています。**そのもしもの時に備えておくことが大事だと思うのです。」 または、 時間的予後：「**とても残念なのですが、**残された時間が、（例：日単位～週単位、週単位～月単位、月単位～年単位の期間で示す）くらいになってきている可能性があることを**心配しています。**」 または、 機能的予後：「**申し上げにくいのですが、**あなたが感じているより事態は差し迫っているのではないかと思います。そして、今後、もう少し難しい状況になる可能性があることを**心配しています。**」
4. 大切な事について聴く ・目標 ・恐れや不安 ・支えとなるもの ・欠かせない能力 ・延命治療の範囲（トレード･オフ） ・家族の認識	「万が一病状が更に進んだ場合のことを考えたいと思います。病状が進んだ場合、どんなことが一番大切ですか？」 「今後の病状に関して、一番怖いなと思っていることは何ですか？どんなことが心配ですか？」 「これから病気と付き合っていく上で、どのようなことがあなたの支えになると思われますか？」 「あなたにとってとても大切で、これができないまま生きていくのは考えられない、と思うのはどんなことですか？」 （例：口から食べられること、身の周りのことが自分でできること、家族とコミュニケーションが取れること、など） 「病状が更に進んだ場合、余命を伸ばすためならどの程度（の治療）であれば、たとえつらくてもやっていきたいと思いますか？」 「**ご家族**は、あなたのご希望や大切にしたいことについてどのくらいご存じですか？」
5. 話し合いを締めくくる ・要約する ・推奨事項を説明する ・患者に確認する ・患者に協力することを伝える	「あなたにとって＿がとても大切だとおっしゃいましたね。それを考慮に入れると、現在の病状では＿を**お勧めします。**こうすれば、あなたが大切にしたい事を今後の治療やケアの方針に反映できると思います。」 「この方針をどう思われますか？」 「あなたの力になれるように、私も全力でお手伝いいたします。」
6. 話し合いの内容を記録する	
7. 主治医や他の専門職に伝える	

（出所）Paladino et al.（2019）.

白紙でも患者は目にしているので、「今の自分は関係ないけれど、将来こんなことを考えないといけないんだという終末期話し合い促進の先行刺激（antecedents）」となる。一方、「身体状態の悪化を感じている患者」「終末期話し合いの心の準備ができている患者」は、患者が自分のこととして自ら自発的に書いた何らかの記載があり（例えば「終末期を過ごす場所について知りたい」など）、医療者が書いている内容の背景について会話するきっかけとなり、医療者の先延ばし行動の防止となる。

5 ACPコミュニケーションに関する自己記入問診票を使ったナッジの実践

九州がんセンターで2013年に「自己記入問診票」を用いることによって、先々の医療に対する目標と希望にあたって病状によって絶えず揺れ動くその方の〝生きがい〟をもとにした話し合いのきっかけ作りを目的としたナッジの導入を試みた（厚生労働省ホームページ「九州がんセンター：がん専門病院の事例[16]」）。

どのようなインセンティブを持っているか？

ACPは、その人がこれまで、様々な人生を歩んで培ってきた価値観・大切にしていることを土台にして、先々の医療について話し合っていくものである。ACPは、その土台なくして話し合うことはありえない。一方で、人は、医療の枠組みの中においては（特に病院という箱物の中に入ると）、「病」のことだけコミュニケーションを行い、その人の〝生きがい〟となっている生活のこと・人生のことは蚊帳の外に置き去りになってしまいがちとなる。自己記入問診票は、「記載をすることによって自らのことを考えるきっかけ」となり、診療場面ではなかなか口頭では言い出せない本音も伝えやすくなるという可能性が示唆されている。

どのような意思決定プロセスをたどっているのか？

九州がんセンターの自己記入問診票には、「病」だけのコミュニケーションとならないように、その方の〝生きがい〟となっている生活のこと・人生のことを含む質問事項も含まれている（図10−3、4）。このことによって、その方への内的コミットメントとして、その方に「病」のことだけでなく、「生活のこと・人生のこと」も話題にしてもよいのだという認識が生まれ、「病」が人生の中で意味すること、その方の〝生きがい〟を「自らのペースで自ら振り返っていただくコミュニケーション」のきっかけ作りともなっている。また、医療者に対する外的コミットメントとして、患者の記載によって医療者が、その記載内容をコミュニケートするきっかけともなる。例えば、患者が「終末期を過ごす場所について知りたい」と記載していれば、医療者は提案しづらかった話題についても、記載内容をもとに会話が始められることとなる。

望ましい選択をデフォルトにすることはできるか？

自己記入問診票を他の入院手続き・外来手続きの書類とともに、全員に配布すること、すなわちデフォルトとしたことで、同調行動として「皆が回答している」こととして、特別なこととは意識せずに記載し、その記載内容をきっかけにコミュニケーションが始まることとなる。また、家族が同席している時は、今まで人生をともに歩んできた家族とともに会話をすることとなり（巻き込み効果）、より深くその人の〝生きがい〟を「自らのペースで自ら振り返ってもらうコミュニケー

図10-3　九州がんセンター「自己記入問診票（PROs：Patient Reported Outcomes）」①

現在のあなたのことについて教えてください

1．今後の病気や生活について、気になる事がありますか。当てはまる□に✓をしてください

□気になる事はない　□あまり気にならない　□少し気になる　□気になる　□とても気になる

2．治療のことや日常生活の中で、気になっていること・心配していることを自由にご記入ください

□治療　□自宅での生活　□学校　□仕事　□経済面　□体力・運動　□栄養・食事　□家族　□将来の妊娠
□遺伝　□その他

（出所）九州がんセンター.

図10-4　九州がんセンター「自己記入問診票（PROs：Patient Reported Outcomes）」②

6．あなたにとって、自分らしく過ごすために、以下の項目がどのくらい大切とお考えですか？
当てはまる□に✓をしてください。答えづらい質問は空欄で構いません。

1）医師と話し合って治療を決めること
□大切に思わない　□あまり大切に思わない　□少し大切に思う　□大切に思う
□とても大切に思う

2）からだに苦痛を感じないこと
□大切に思わない　□あまり大切に思わない　□少し大切に思う　□大切に思う
□とても大切に思う

3）自宅や病院など、自分が望む場所で過ごすこと
□大切に思わない　□あまり大切に思わない　□少し大切に思う　□大切に思う
□とても大切に思う

4）希望をもって過ごすこと
□大切に思わない　□あまり大切に思わない　□少し大切に思う　□大切に思う
□とても大切に思う

5）人に迷惑をかけないこと
□大切に思わない　□あまり大切に思わない　□少し大切に思う　□大切に思う
□とても大切に思う

その他、上記以外で、自分らしく過ごすために、大切なことがあれば、自由にご記入ください

（出所）九州がんセンター.

図10-5　九州がんセンター「自己記入問診票（PROs：Patient Reported Outcomes）」③

****** 以下、あなたに当てはまらない質問や答えづらい質問は、空欄で構いません ****

10. からだがつらい時の医療に関する希望（してほしくない事など）について、あなた自身で考えたり、家族（大切な人）や医療者に伝えたことがありますか？

□家族にも、医療者にもだいたい伝えている　□家族には伝えているが医療者には伝えていない
□医療者には伝えているが家族には伝えていない　□考えているが家族にも医療者にも伝えていない
□考えたことがない　□分からない

11. からだがつらい時の医療に関する希望（してほしくない事など）について医療者と話し合いたいですか？
□今、話し合っておきたい　□今は話し合いたくないがゆくゆくは話したい
□今も今後も話し合いたくない　□説明を受けてから改めて考えたい　□分からない

12. からだがつらいなどの理由で自分の意思表示が難しい場合、どなたに（家族等）意思決定を、任せたいですか？
（意思決定を任せたい人のお名前：　　続柄：　　）

13. からだがつらい時に過ごす場所として、「どのような場所で過ごしたいか」また、その療養場所で「どのようなケアが受けられるのか」などを医療者へ相談したいですか？
例）自宅で過ごす時の訪問診療について、緩和ケア施設について、がんセンター以外の病院について

□今、医療者へ相談したいことがある　（相談したい内容：　　）
□からだがつらくなった時に相談したい
□その時にならないと分からない

（出所）九州がんセンター．

ション」のきっかけともなる。

しかし、前述のように、自ら受け入れがたい強い感情や体験をした直後で否認によって、その人自身の〝生きがい〟について考えること自体、「先延ばしする」ことも生じる。医療者は「その方の意思決定の先延ばし」が心理的防衛機制によるものの可能性の見極め判断をしつつ、もしそうであればその人への不安を焦点にした介入とともに、「自らのペースで」コミュニケーションできる配慮が必要となる。

この問診票には、「あなたに当てはまらない質問や答えづらい質問は、空欄で構いません」と明記することで、否認にも配慮している。例えば、今後の「からだがつらくなってきた時の医療の意向」

のページは、「元気な方」「病状否認の方」は、白紙のままで提出されるが、白紙で提出した人も、そのページを目にしているので、「今の自分は関係ないけれど、将来こんなことを考えないといけないんだという終末期の話し合い促進の『先行刺激』」となっていると考えられる。一方、「身体状態の悪化を感じている患者」「終末期話し合いの心の準備ができている患者」は、その方が自分のこととして自ら自発的に何らかの記載があり（例えば前述の「終末期を過ごす場所について知りたい」）、医療者が書いている内容の背景について会話するきっかけとなり、医療者の先延ばし行動の防止となっていると思われる。

気持ちの変化をフィードバックできているか？

医療者は、自己記入式の問診票を電子カルテにスキャンし、時系列で閲覧できることから、その人の気持ちの変化をフィードバックすることができる。また、その人に自身で記入した過去の問診票を印刷し手渡すことで、自身で過去を振り返ることで病状によって絶えず揺れ動く気持ちを思い出し、その人〝生きがい〟を自らのペースで自ら振り返ってもらうきっかけにもなる。

6 ACPに関する自己記入問診票ナッジの効果

ナッジによって、「自ら今後のことを考えるきっかけとなった（76％）」「医療者との信頼関係ができた（76％）」「自身の意向が尊重された（68％）」「家族と今後のことを話し合うきっかけとなった（73％）」との回答を得、さらに、亡くなる直前の化学療法の施行（すなわち、「病」にふりまわされるまま、「病」の全体像を考えることは後回しにし、〝亡くなる直前まで〟一目散に自らの人生を差し置いて積極的な治療を行う）が、年々低下傾向にあった（表10－1）[17]。先延ばしになっていた絶えず揺れ動くその方の〝生きがい〟をもとにした先々の医療の話し合いが、さりげなく繰り返し行われ、亡くなる直前の化学療法施行の頻度が少なくなってきたことがうかがえる。なお、〝生きがい〟として、亡くなる直前まで闘いたい人もいるので0％になることはないのは当然である[18]。

7 実践への示唆

「病状によって絶えず揺れ動く〝生きがい〟をもとにした、先々の医療のことを繰り返し話し合うきっかけ作り」が「〝生きがい〟となっている生活のこと・人生のことを含む質問事項も含んだ

表10-1　ACP自己記入問診票ナッジの効果

2014年	亡くなる前14日以内の化学療法施行	4.3%	亡くなる前30日以内の化学療法施行	16.4%
2015年	亡くなる前14日以内の化学療法施行	4.0%	亡くなる前30日以内の化学療法施行	12.1%
2016年	亡くなる前14日以内の化学療法施行	3.4%	亡くなる前30日以内の化学療法施行	10.1%

（出所）大谷（2016）.

自己記入式の問診票」によって実現することができた。「自己記入式の問診票」という、どこの医療機関でも行われている手続きの中に、さりげなくこれらの質問をナッジとして織り込んで運用することができた。「〝生きがい〟となっている生活のこと・人生のこと」を改まった形で医療者から質問されると多くの患者や家族は戸惑うことになると思われるが、数多くある問診票の一部として、全員が回答を求められることを伝えると同時に、それに対する回答は強制ではないことを伝えることで、そのハードルを下げることが最大のポイントである。それによって患者の価値観をもとに「自ら」振り返り、「自ら」のペースで「今後の医療・ケア」を「繰り返し」話し合っていくことが可能となる。この際、何か新しいことを始めるのではなく、既存のツールにこれらの内容をうまく織り込むことで、構築していくことがコツである。

（大谷弘行）

第11章

アレルギー性疾患の治療における行動経済学

【本章のポイント】

- アトピー性皮膚炎治療の基本となるステロイド外用剤は、ステロイド忌避と呼ばれるステロイド外用を極端に避ける患者が一定数存在し治療に難渋することも多い。
- ステロイド忌避の背景に存在する利用可能性ヒューリスティックスやサンクコスト・バイアスを理解して適切な説明を患者に行うことが重要である。

主治医「アトピー性皮膚炎ですのでステロイド外用剤を使ってしっかり治療していきましょう。」
患者「ステロイドは怖いので使いたくありません。」
主治医「……。」

1 ステロイドを嫌がる患者

アトピー性皮膚炎、気管支喘息、アレルギー性鼻炎、アレルギー性結膜炎などのアレルギー疾患は標準治療としてステロイド薬が含まれることが多い。このうち、アトピー性皮膚炎ではステロイド外用剤の使用を嫌がる「ステロイド忌避」と呼ばれる患者が一定数いる。しかし、重度のアトピー性皮膚炎ではステロイド外用剤なしで治療することは難しく、患者にどのように説明し外用を指導するかは臨床現場の課題であった。

アドヒアランスの問題はステロイド外用剤を使い始める場面だけで起こるわけではない。ステロイド外用剤を使い始めた後も、様々な要因から治療を中断してしまう患者がいる。

インターネットやSNSでの嘘やデマによる影響、家族や親族からの医学的根拠のないアドバイス、医師とのコミュニケーション・エラーなど、ステロイド治療に関する問題は多い。筆者はこれらの課題に対して行動経済学を用いて解決したいと考え取り組んできた。本稿ではステロイド忌避が生まれる背景と解決策について解説する。

2 ステロイド忌避の背景と特徴

ステロイド外用剤は１９５３年に本邦で初めて使用可能となり、その後、５段階の強さのランクが開発された。当初は今ほどステロイド外用剤に関する知見が乏しく、ステロイド外用剤の不適切な使用があったようだ。１９８０年代に入り、ストロングクラスのステロイド外用剤による副作用、酒《しゅ》さ様皮膚炎に対する裁判が行われた。そのため、この時期の皮膚科医はステロイド外用剤の使用に関して自信をなくしていたといわれている。

ステロイドバッシングは１９９０年代前半のテレビ番組の影響から全国に広まった。当時、報道番組でステロイド外用剤による副作用の特集が組まれ、司会者が「ステロイドは悪魔の薬」と表現したことで、今までステロイドを使用したことがない一般の方もステロイドを怖いと認識するようになった。

さらに、ステロイド外用剤の副作用であるステロイド酒さ[1]の裁判に注目が集まり、マスコミの報道が過熱した。その後、全国放送で「悪魔の薬」と不名誉な名前をつけられたステロイド外用剤は、間違った副作用や嘘、さらにデマに振り回されることとなる。例えば間違いの一つに、ステロイド外用剤を使用すると湿疹部位が黒くなる、というものがある。湿疹部位は炎症が起きており、いわば火事の状態である。ステロイド外用剤は炎症を治める（鎮火する）働きがあるが、皮膚を黒くする効果はない。ステロイド外用剤使用後に皮膚が黒くなるのはもともとの湿疹の影響である。

このように間違った解釈をはじめ、「ステロイド外用剤は子宮に貯まる」等の明確なデマまで、様々な嘘がアトピービジネス関係者によって広められた。さらに、ステロイドを一切使わずにアトピー性皮膚炎を治療する「脱ステロイド」療法なるものが一部の患者間で話題となり、脱ステロイドを専門とする病院や医師がメディアでも取り上げられることになった。

こうした問題に対して2000年代に入り、日本皮膚科学会が積極的に対応することとなる。アトピー性皮膚炎診療ガイドライン(2)が作成され、学会の対応により脱ステロイドは下火になった。しかしながら、未だ当時の影響でステロイドを怖がる患者は多い。

さらには、1990年代のステロイドバッシングを直接知らない若い世代が、親や年上の知り合いからの「ステロイドは怖い」という言葉を聞くことで、未だに一定数の患者は頑なにステロイド外用剤を使用していない。そして、SNSの影響により、若い世代同士で「ステロイドは怖い」というイメージを共有する場面も多い。以上のようなことから、世代を問わずステロイドの使用を拒否する患者が現在も一定数存在する。

最近のステロイド忌避の特徴としては、患者本人が脱ステロイドを行うのではなく、自身の子ども、特に乳児期の患児に脱ステロイドを行う例が多いように思われる。乳児期に適切な治療を受けさせない問題点は、湿疹の増悪だけに留まらない。脱ステロイドとセットで行われる民間療法の一つに過激な除去食がある。成長に重要な時期に、ほぼ全ての食材を食べることができず成長障害を起こす症例も学会で報告されている。このような、アトピー性皮膚炎に対する適切な治療を受けさせない保護者には幼児虐待として厳しく取り締まる施設もある。いずれにせよ、「ステロイドをなんとなく怖い」と思う患者から、「なにがなんでもステロイドは使わない」というステロイド忌避の患者層まで広く存在している。

3 ステロイド忌避の行動経済学的メカニズム

私はこれまで、数多くのステロイド忌避の患者を診察および治療してきた。皮膚科医として働き始めた頃は、ステロイド忌避の患者に対し1時間かけてステロイドの安全性を説くこともあった。しかしながら結果は散々なもので、ほとんどのステロイド忌避の患者は二度と診察室に現れることなく、もとの病院に戻っていったのを今でも苦々しく思い出す。

心理学の分野では、バックファイアー効果[3]というものが知られている。この理論の賛否に関しては専門家間でも分かれるようであるが、私がステロイド忌避の患者に行っていた診察がうまくいかなかった理由を説明するのに見事当てはまる。バックファイアー理論とは、何らかの認識を持った人がその認識への反論や誤りの指摘などに接すると、かえってその認識を盲信してしまうという現象を指す。つまり、私が行ってきたこれまでの行為は、ステロイド忌避の患者に直接バックファイアー効果を引き起こしてしまったものと考える。

冷静に考えてみると数多くある薬剤のうちなぜステロイドだけがここまで嫌悪されるのか不思議に思う。どの薬剤もリスク・ベネフィットはあり、副作用があるのはステロイド外用剤だけではない。しかし、「ステロイドは怖い」という恐怖心は多くの方が共有する状態となっている。これについては、行動経済学を用いて考えてみると「**利用可能性ヒューリスティック**[4]」という概念で説明可能である。1980年代から1990年代にかけて盛んに行われたステロイドバッシングを直接知っている世代だけでなく、その子の世代が親から「ステロイドは使ってはいけない」と病院受診後に言われることが悪影響を及ぼしている。

患者がステロイド外用剤を中心とした標準治療を行わず、脱ステロイドなどの民間療法を選ぶ背景には、医療の不確実性が挙げられる。医師はこれまでの経験上、「絶対に治る」という説明はしない。エビデンスを用いて説明を行う場面においては、「○○%の患者に効果が出る」といった表現をする。一方、民間療法の中には「100%アトピー性皮膚炎を治す」「確実にアトピー性皮膚炎が治る」といった言葉が並び、このことで確実性の効果が働き患者は適切な判断ができないことが想定される。

サプリメントをはじめとする民間療法を行ってきた患者たちの**サンクコスト・バイアス**[5]も忘れてはならない。私が以前経験した症例では月額30万円をサプリメントに支払い続けていた患者もいた。脱ステロイド経験者にとってのサンクコスト・バイアスは金銭面だけでなく、脱ステロイドを経験した期間の「身体的・精神的な苦しさ」も含まれる。ステロイドを含むいっさいの標準治療をしないことから、重症アトピー性皮膚炎患者は症状が極限まで増悪する。全身の皮膚が重度の湿疹となり、浸出液が多量に溢れ、感染を起こした皮膚は異臭を放つ。また、ひどい場合は敗血症を併発する場合もあり、文字通り「死ぬような思い」をする患者もいる。このような経験がサンクコスト・バイアスとなり、標準治療に踏み出せないことも頭に入れておく必要がある。

しかし一方で、我々医療従事者側に問題があることも忘れてはならない。最終的にステロイド外用剤を全く使わない、脱ステロイドを行う患者の背景としては医療不信があると私は考えている。「医者からひどいことを言われた」「患部をしっかり診てくれない」など、医師と患者のコミュニケーション・エラーがきっかけで脱ステロイドを行う例も多い。

さて、ここまではステロイド忌避の患者を中心に解説を行ってきたが、ステロイドを特に怖がっていない患者にも治療の問題は発生する。軽症から中等症のアトピー性皮膚炎患者の中には、病院に通うことなく無治療で過ごしている患者が多い。皮疹の増悪を繰り返すことから、患者本人は病院に通った方がよいことも理解しているが、いずれ良くなるだろうと漠然と考え悪化した状態で病院を受診する。これは現在バイアス(6)の一つであるといえよう。

4 アトピー性皮膚炎に対するステロイド治療のナッジ戦略

アトピー性皮膚炎に対するステロイド外用剤の標準治療を継続して行うには、まず患者層のグループ分けを行うことが必要である。臨床現場での経験上最も多い層は、漠然とステロイド外用剤を怖いと感じている患者である。こういった層は、ステロイド外用剤について正確な知識を丁寧に説明するだけで外用を開始してくれる。また、家庭内や知り合いからステロイド外用剤を使わないように説明を受ける患者に対しては、面倒がらずその都度正確な知識を説明する必要がある。

治療に難渋する患者層として、脱ステロイド経験者もしくは現在脱ステロイドを行っている患者である。こういった患者層に関しては、初診の段階で標準治療を薦めることが逆効果となる場合が多い。

強いステロイド忌避の患者に対し、普段私が心がけているのは一般的ではあるが「傾聴」である。最初の外来でアトピー性皮膚炎やステロイド外用剤に対する間違った知識の訂正を行うのは逆効果であることはすでに説明した。まずは、患者が脱ステロイドに至った経緯、その後の経過、何を希望して外来を受診したのかしっかりと見極めることが重要である。

さて、ステロイド外用剤を用いた治療を開始したとして、次に訪れる問題が外用を継続するかどうかである。ステロイド外用剤を続けられるかどうかはコミットメントの問題であり、これはこれで別の工夫が必要である。外用という行為は誰でも面倒くさく感じるものである。塗る行動は患者にとっては損失であり、**損失回避**から外用は嫌がられる傾向がある。

5 アトピー性皮膚炎に対するステロイド治療介入の実際

前述のとおり、患者がステロイド外用剤をどれほど怖がっているのか最初の外来で見極める必要がある。診察の基本は傾聴であるが、医師と患者間で信頼関係が構築された後はナッジが必要となる。まず、ステロイド外用剤を怖がる患者には、多くの方がステロイド外用剤で副作用を起こすことなく軽快していることを伝える。

また、病識が足りない患者に対しては、別の説明の仕方を試みる場合もある。例えば「このまま治療しないとひどいことになりますよ」と説明すると、**プロスペクト理論**で言う**参照点**は健康の状態となる。外用するのが手間だと考え損失回避が働き、塗らなくてもなんとかなるだろうと漠然と考えてしまう。最近の報告では、アトピー性皮膚炎の重症度と相関し心血管系の死亡が増加することが報告されている。こういった研究成果を説明した後、「治療をしないのであれば循環器内科を受診しておいてください」あるいは「循環器内科へ紹介状を書いておきましたので必ず受診してください」と説明すると参照点が変わることから効果が期待される。

外用治療というのは内服治療と異なり、患者の一手間を要する作業となる。特にアトピー性皮膚炎などの患部が全身に広がっている場合、必要箇所に外用するだけで10分以上の時間を要する。また、背部など手の届かない部分は家族や同居者などの手伝いも必要となるため、患者側にとってはかなり〝面倒くさい〟作業となる。この場合、外用治療を始めようとするモチベーションも大事だが、外用治療を続けるためのコミットメントが治療成功の鍵となることは間違いない。では、患者と医療従事者ともにコミットメントを成功させるためにはどのような工夫があるだろうか。

通院間隔を短くする

外用がきちんとできていないと感じる患者に対しては、まずは通院間隔を短くし受診してもらうのが効果的である。外用を継続して続けられない患者でも、通院前後はしっかり塗ってくれることが多い。通院の間で外用が途絶えてしまうことがあっても、通院間隔を短くすることで外用の総期間は長くなる。外用が習慣化するまでこまめなフォローを行うことも一つの手である。

使い終わった軟膏壺を持参していただく

外来でのやりとりだけで外用剤の正確な使用量を把握することは難しい。そのため、厳し目のコミットメントを患者に要求する場合は、外来時に軟膏壺を持参してもらい医療従事者がチェックする方法がある。しかし、この方法は患者の治療意欲を見極めてから行わないと治療そのものを中断してしまう危険性がある。

スタンプカードを作成する

患者が小児の場合に限るが、外用をした日にスタンプやシールを貼れるスタンプカードを作成することもナッジとして働く。

バイオマーカーを用いた客観的評価

改善が顕著であれば問題ないが、アトピー性皮膚炎は慢性疾患であり、治療の効果を患者自身が的確に判断できるかどうかは疑問が残る。また、治療効果が見られない場合はコミットメントにも影響が出るため、治療を脱落するリスクも伴う。そこで、定期的にバイオマーカーを用いた客観的評価を患者に提示するのが望ましい。アトピー性皮膚炎の場合、血清中のTARC[7]が病状を鋭敏に反映する。一方、IgEに関しては長期の病状を反映している場合が多い。自覚症状を定量化する方法としてはPOEM[8]が有効である。これらを組み合わせて、「今良くなっている」や

「長期間で改善している」という数値を患者に見せることは重要である。

外用をしていなくとも怒らない

読者のみなさんでダイエットを成功させた人はどれだけいるだろうか。また、喫煙者の方で禁煙に成功した人はどれくらいいるだろうか。目標を立てて行動を起こしたとしても、多くの人は三日坊主となってしまい長くは続かない。外用治療に関しても、毎日さぼることなく続けて行える患者の方が少ないと考えた方がよい。自らの行動を照らし合わせて考えてみれば、外用をあまりしてこなかった患者に怒ることはできないと気がつくだろう。むしろ、外用を続けていた期間や塗らずに通院を続けていることに目を向け褒めることが大事である。

看護師さんや医療事務の人たちにはサプライズで差し入れを

行動経済学で有名な論文に「Commitments, norms and custard creams: a social influence approach to reducing did not attends（DNAs）[9]」がある。この論文では病院予約の無断キャンセルを減らすためには、患者本人のコミットメントだけでなく、協力者への報酬も必要なことが報告されている。例えば、持参した軟膏壺をチェックする場合や小児へのスタンプカードの準備など、医師一人で継続して行うのは難しい。こういったチェックを行う場合は医療従事者のコミットメントも必要である。看護師や医療事務等のコメディカルの助けが必要となるわけで、そういう人々への報酬が患者のコミットメントを助ける効果がある。

ちなみに、コメディカルのモチベーションを上げるのに、給料を上げる方法は短期間の効果しか得られないことが行動経済学的に報告されている。サプライズを上手に使い、差し入れやプレゼントをあげることがモチベーションを上げる上で有効である。

6 ステロイド治療へのナッジ導入による変化

筆者の外来には定期的にステロイド忌避の患者が受診する。バックファイアー効果を誘導しないよう診療を心がけることで、標準治療を再開する患者の割合は増加した。基本的なことであるが、信頼関係をまだ築けていない患者に「怒る」というのは今の時代、逆効果であると強調しておきたい。

外来でのTARCの測定やPOEMによる自覚症状の評価を行うことで、治療初期の状態を客観的に比較することが可能となる。これら数値の推移を患者と共有することで、患者の治療モチベーションが上がり、通院の継続性が高まったと感じている。外用へのコミットメントが低い患者もいるが、医師側が根気よく対応し指導していくことが必要であろう。

ちなみに当院では、POEMの記入は看護師に依頼している。はじめの頃は看護師も忘れることもあったが、最近ではアトピー性皮膚炎患者全てにＰＯＥＭスコアの評価をできた状態である。これも定期的にお菓子の差し入れをしていた効果であると筆者は信じている。

7 実践への示唆

本稿では私がこれまで外来で実践してきた行動経済学的介入を中心にまとめた。外来が上手といわれる医師たちの多くは経験上、前述の行動経済学的要素を取り込んで診察にあたっているものと考えられる。

アトピー性皮膚炎の治療にステロイド外用剤を用いれば、多くの患者が症状を軽減させることができる。しかし一方で、そこには医療従事者側の的確な治療と外用指導が必須であることを忘れてはいけない。ステロイドバッシングが起きる原因の一つに、医師による不適切なステロイド外用剤の使用があったことは前半ですでに述べた。ステロイド外用剤の適切な使い方の詳しい説明は専門書に譲るが、最低限ＦＴＵ（finger tip unit）[10]とプロアクティブ療法[11]は押さえておく必要があるだろう。

また、今後課題となるのが病院に来るのも抵抗があるステロイド忌避の患者へのナッジであろう。病院に足を運ぶ時点で患者は医療従事者の話に耳を傾ける準備はできている。診察室でナッジを効かせて適切な治療を行うことは見方によっては難しくないはずだ。しかし、病院を受診しようとしない、治療に困っているステロイド忌避の患者に対するアプローチはこれまで挙げた方法では対応不能だ。今後は公的機関との連携を含めて、適切な治療の啓蒙活動が必要であると考える。

（大塚篤司）

第12章

非感染性疾患における行動経済学

【本章のポイント】

- 4つの行動リスク因子は主たる非感染性疾患の予防とコントロールのために重要である。
- 金銭的インセンティブも含めて、提示方法を変えることで行動経済学的アプローチが実践可能である。
- 患者のみならず、医療従事者への行動経済学的アプローチが注目されており、電子カルテをはじめとしたデジタルデバイスを用いた行動経済学的アプローチが実装されてきている。

医師「あの患者さん、なかなか体重が減らないんですよ。」
看護師「外来も診療時間が限られていて、指導って難しいですよね。」
医師「体重を減らしたらいいってことが分かっているのになぜできないのでしょうか？」
看護師「そもそも、これは患者さん自身の問題なのでしょうか？」
医師「……。」

1 非感染性疾患と行動変容について

非感染性疾患とは、あまり聞きなれない方も多いかもしれないが、国際保健の領域や政策においてよく使用される用語で文字通り、感染性疾患に対して非感染性疾患Non-Communicable Diseases（ＮＣＤｓ、エヌシーディーズと呼ばれる）の総称である。ＷＨＯの定義では不健康な食事や運動不足、喫煙、過度の飲酒、大気汚染などにより引き起こされる、がん・糖尿病・循環器疾患・呼吸器疾患・メンタルヘルスをはじめとする慢性疾患をまとめて総称したものとされているが、疾患の定義はいくつか学派によって異なる。[1] 本章ではその中でも主たる死因を占める、４つの疾患群と４つの一般的な行動リスク因子で表されるものだと理解しておいていただきたい（表12－1）[2]。

表12-1　非感染性疾患の主な対象

4つの疾患群	4つの行動リスク因子
循環器疾患	喫煙
がん	不健康な食事
呼吸器疾患	運動不足
糖尿病	アルコールの過剰摂取

紀元前より人類は感染症に脅かされてきた。昨今猛威をふるっている、新型コロナウイルス感染症は別として、20世紀に入り手指消毒・ワクチン・抗菌薬（抗ウイルス薬）などの対策により多くの感染症に関しては対処・制御ができるようになってきていた。その中で、脳卒中のような機能障害を残すもの、突然死や呼吸困難をきたすような循環器疾患や、異常増殖する細胞により多くの正常機能が破綻するがんなどの非感染性疾患が主たる人類の死因として注目されるようになってきた。またこれらの疾患に関して重要な視点は、上に挙げた4つの行動リスク因子のように生活習慣などの改善により疾患発症や疾患の進行を抑えられる可能性があることがこれまでの研究の歴史の中で明らかとなっていることであり、日本でも特に循環器疾患・糖尿病は「生活習慣病」として多くの一般市民に認識されているのではないかと思われる。この4つの行動リスク因子は特に循環器病・糖尿病などと関連して考えることが多いが、「がん」など他の非感染性疾患にも影響があると考えられていることはもう一度触れておきたい。

また学際的な領域では議論を呼ぶ、「メタボリックシンドローム」

も、日本では「メタボ」の呼称で多くの人にとって「生活習慣病」や肥満を指す用語として一般的に普及しているといえるだろう。75％を超える国民がこれらの用語を認知していることは政策として、疾患概念の認知度としては成功しているといえるだろう。[3]

このような認知度が高いメタボ・生活習慣病に対して、非感染性疾患の4つの行動リスク因子がどれも不適切で改善するべきところであるということも多くの人が納得するところであろう。これらの疾患群を改善するための政策的・医学的な介入は至るところで実施され、研究されてきた。日本においては、健康日本21の枠組みの中で、疾患を持たない一般市民に対する一次予防が実践され、各種学会からのガイドラインを含めた医療従事者内でのコンセンサスをもって、疾患を持つ患者群における二次予防においても多くの研究がなされてきた。

もちろん、化学・生物学的な方法として、薬剤等も多く開発されてきた。しかし、患者の同意やコストの関係も含めて適応が限定されているのが実情である。例を挙げれば、アルコール過剰摂取の治療薬として、ジスルフィラム（ノックビン®）がある。薬剤は肝臓中のＡＬＤＨ（アルデヒド脱水素酵素）を阻害することにより、アルコール分解の最終段階を阻害し、飲酒時の血中アセトアルデヒド濃度を上昇させる。これに伴い、顔面潮紅・熱感・頭痛・悪心・嘔吐などの急性症状が飲酒後5〜10分程度で出現するため、飲酒の意欲を抑制させる。しかし、薬剤自体を継続的に飲んでもらう（服薬アドヒアランスを上げる）ことが重要であり、結局最終的に行動変容が必要となることが多い。

表12-2　行動変容ステージと効果的と考えられる変容プロセス

ステージ	解説	効果的な変容プロセス
無関心期	6カ月以内に行動変容に向けた行動を起こす意思がない時期	自らプログラムへ参加してくることはないので、プログラム自体の利益を説明し、同意を得るような働きかけ 動機づけ面接法
関心期	6カ月以内に行動変容に向けた行動を起こす意思がある時期	気づき・感情体験・自己の再評価・環境再評価
準備期	1カ月以内に行動変容に向けた行動を起こす意思がある時期	自己効力感の強化（達成体験・代理体験・言語的説得・生理的情緒的調整） 自己の解放／コミットメント
実行期	明確な行動変容が観察されるが、その持続がまだ6カ月未満である時期	褒美・強化子 逆条件付け 刺激統制 援助関係の利用
維持期	明確な行動変容が観察され、その期間が6カ月以上続いている時期	社会的開放

（出所）「特定保健指導の実践的指導実施者育成プログラムの開発に関する研究」（主任研究者：河野啓子，平成19年度厚生労働科学特別研究）より．

行動変容は、行動科学の理論・モデルに基づき、知識を提供するだけではなく、適切なタイミングで適切な学習援助を行うことが重要であると今は考えられている。行動変容ステージモデルはプロチャスカ（Prochaska）らが1990年代に提唱した非常に古いモデルであるが今も健康保健指導の現場で用いられている。

実際にこれらは直観的にも理解しやすいモデルであり、実際の現場にもマッチしていることが多い。また概念であるため、二次予防など疾患を持つ患者にも同様に当てはめることが可能である。

2 実際の行動変容と行動経済学

これまで行動変容に関しては行動変容ステージを基盤とするトランスセオレティカル・モデルだけではなく、いくつかのモデルに基づいた介入試験が実装されており、多くは効果が示されていたが、一部効果がないものも認められ、結果は一貫しない部分もあった[4]。これらから得られた知見は非常に重要であり、今後も同じ枠組みで発展的な研究が待たれる。ただ、重要なポイントが2点ある。一つは対象者・指導者は合理的であるという信念に基づいていることである。しかし、例を挙げてみれば容易に想像できるが、体重を減らしたいという肥満の人が目の前のおいしい食事のような誘惑にあらがえないことや、禁煙しようと思ったところで目の前にタバコがあれば吸ってしまうという状況は容易に想像できる。対象者・指導者の非合理的なところである。もう一つは、これらの教育・指導を行う者（指導者・介入者）の主観的な判断が影響を与えることである。指導者・介入者の非合理的なところも忘れてはならないということだ。

これらの健康増進行動での「分かっちゃいるけどできない」という矛盾・非合理性は、心理学領域でのmotivation psychologyなどでの説明も可能であるが、行動経済学の観点では、現在バイアス（一部、投影バイアス）に基づく、**先延ばし（procrastination）**で説明されることが多い。そもそも運動や禁煙は、ついつい明日からやろうとか明後日からやろうというように先延ばししやすいということだ。時間割引の概念により、健康増進行動の効用が将来の健康の効用より低くなってしまうことにある。このようなバイアスに対応するためには、もちろんトランスセオレティカル・モデルや心理学で考えられているように認知の変更という方法もあるが、いくつかの研究の結果からは、即時型のインセンティブやフィードバックなども効果的と考えられている。[5]

即時型のインセンティブで多く行われてきたのは金銭的インセンティブである。行動経済学という場合に金銭的インセンティブを使わないように除外されることが多いが、むしろその提示方法に行動経済学的要素を大きく含めているという理解をしておくのがよいだろう。特に金銭的インセンティブの提示方法には、利得フレームか損失フレームかだけではなく、くじ（lottery）を応用したものもあり多様性に富む。少し研究を紹介しておく。

3 金銭的インセンティブの提示方法から学ぶ行動経済学的アプローチ

前述のとおり、肥満解消や運動という分野は誰もが理解しやすく、なかなか目標達成が難しい。ここにこれまで多くの研究が実装されてきた。ただ一応注意しておいてほしいが、米国の研究を参考にする際には、肥満は日本とは比較にならないぐらいの問題であることは理解しておいていただきたい。Body Mass Index（ＢＭＩ）は25以上でoverweightと考えられるが、米国では60％強、日本では30％程度。つまり米国では日本の2倍のoverweightが存在する。

Kevin VolppらのグループはBMI30～40の成人に対して、まず体重減少において金銭的インセンティブ（1日＄3）が与えられると、16週の介入において約6kgの体重減少が得られ、コントロール群は約2kgと大きな差を認めたことを示した。[6] 金銭的インセンティブという「お金を払えば」当然やる気が出るわけである。今回この例を提示したのは、興味深いことにこの金銭的インセンティブの提示方法にくじ引きの要素を入れたためである。結果として、ほとんど差は認めなかったが、金銭的インセンティブの提示方法を変えるという手法が行動経済学的アプローチの文脈で用いられることとなっている代表例であろう。同じ＄3を提供するとしても、2つのくじを提供している。

1　1％の確率で＄100もらえるくじ（＄1）

2　20％の確率で＄10もらえるくじ（＄2）

この2つの期待値の合計は＄3である。要するに期待値を背景に計算した＄3と分かりやすい＄3の提供で行動に変化が起こるか？ということである。

本研究では、金銭的インセンティブの提示方法特に、くじの有効性・くじの種類（特に当たる金額が大きいくじの有効性が高かった）の違いを評価している。金額が大きなくじの効果が大きくなる傾向がある。これは他の研究でも示されるように特に金額が大きなくじでは効果が大きくなる傾向があり、金額が小さいくじでは、リスク回避の傾向が弱くなることが知られており、peanuts effectと呼ばれている。

もう一つ他の研究を紹介しておく。このくじの提供方法と、目標とする行動の組み合わせはいくつか実践されているが、運動、特に歩く歩数を目標とした研究を紹介する。PatelらはBMI＞27というoverweightの患者を対象として金銭的インセンティブの提示方法について比較実験を行った。ここでは

1　利得フレーム：目標到達で1日$1・4もらえる
2　損失フレーム：目標到達しない場合1日$1・4失う（事前に$42を割り当てられている）
3　18％で$5と1％で$50というくじ

という3つのパターンでの提示方法でコントロールと比較した。[(7)(8)] 補正した解析によると、1日7000歩という目標に到達したのは損失フレームでの提示のみが16％ほど有意に目標到達した

割合が増加したということ。金銭的インセンティブにおける**損失フレームの効果**が非常に高かったことが明らかとなった。本研究でも損失フレームの有効性が強調される結果となった。

他にも有名なものとして、見知らぬ4人とグループを組んで体重が減少した人で成果を山分けするというsocial normを考慮した複雑な方法を用いた場合の方が、単純な個人に対する金銭的インセンティブの提示より効果があったことなども挙げられる。[9] 今回のコロナウイルス感染症のワクチン接種などにおいても金銭的インセンティブの提示方法が多く研究されており、「くじ」「社会規範」など金銭的インセンティブの多様な提示方法を変更する方法論は今後も議論が続いてゆくことと考えられる。さらに近年は非金銭的インセンティブ、特に社会規範やピア効果といった行動経済学的なメカニズムを考慮したインセンティブを用いた介入が増えてきており、複雑な形での提示方法が普及してきている。特殊な例を挙げると、ペンシルバニア大学のWay to healthが得意としているgamificationも一般的なゲーミフィケーション・ゲームを指すのではなく、一定の行動に応じて毎日獲得されるポイント提示およびその扱い方を示している。これら非金銭的インセンティブを用いた介入を金銭的インセンティブを用いた介入方法と連続性をもって理解しておくことで、行動経済学の理解が深まることと考えられる。さらに、今後はデータ・結果を含めた行動経済学の理論に基づいた提示方法がさらに開発されてくることと考えられる。

4 非感染性疾患患者に対する医療従事者への行動経済学アプローチ

ここまで、対象者・患者自身の意思決定に行動経済学アプローチで非合理的な行動を解決することを解説してきたが、前述のようにもう一つの特徴である、介入者・医療従事者へのアプローチについて考えたい。医療従事者はこれまで合理的経済人の考え方にまさに一致し、合理的で間違いを犯すことはないとされてきたが、それは明らかに間違いである。全米医学アカデミー（National Academy of Medicine：NAM。設立当初は米国医学研究所Institute of Medicine：IOM）は１９９０年に「To err is human（人は必ず間違える）」という報告書にてこれを示している。

間違いというと表現が強く、むしろ一般的にも納得がいく形で医療従事者は合理的に行動することが難しい事態に陥ることが多い。例えば、がんの患者に対して、余命があとわずかである（予後が悪い）というような悪い報告をすることである。バッドニュースの伝え方と臨床医が呼ぶこの行為、実はかなり臨床医にとって負担が大きい。患者は誰もが改善することを期待していることと、特に外来で長く見ていた患者が徐々に体力が衰えてきてしまったような場合にはタイミングも難しい。本来は情報は適切に共有され、合理的に議論するべきである。ところが患者・医療従事者ともに感情そのもの、もしくは相手への影響を類推することで身動きが取れなくなることがある。臨床に携わる医療従事者なら容易に想像できるだろう。このような課題に対して、

2020年にJAMA Oncologyで報告された、重篤な疾患を持つ患者さんとの話し合い（Serious Illness Conversation：SIC）の研究も是非取り上げておきたい[10]。

医療従事者側での話し合いを先延ばししてしまう行動に関する研究は少ない。先延ばしなので現在バイアスが関わっていることと、optimism bias（楽観バイアス）があるという考えに基づいて本研究は実施されている。楽観バイアスは患者・医療従事者ともにありえるが、今回の研究においては医療従事者に対しての介入を実践するので、医療従事者が実際の予後予測スコアより患者の予後を楽観的に見積もっているということを考えているとすれば理解しやすいだろう。

本研究では、大きく2つの戦略を用いている。①楽観バイアスを解消することができる死亡率が高い患者の同定、②ピア効果を用いたフィードバックである。①に関しては、すでにＡＩ（人工知能）を用いて病院内でのデータから死亡リスクが高い患者を同定するアルゴリズムを開発しており、それを用いることで迅速かつ最新のモニタリングを実施している。

ペンシルバニア大学関連の9つのがん関連のクリニックの医療従事者に次のような項目を含むメッセージを送付した。

・次の週に来る患者でＳＩＣを実施した方がいいハイリスク患者を見つけられるリンク

図12–1　これまでのSIC実施率に関してのフィードバック

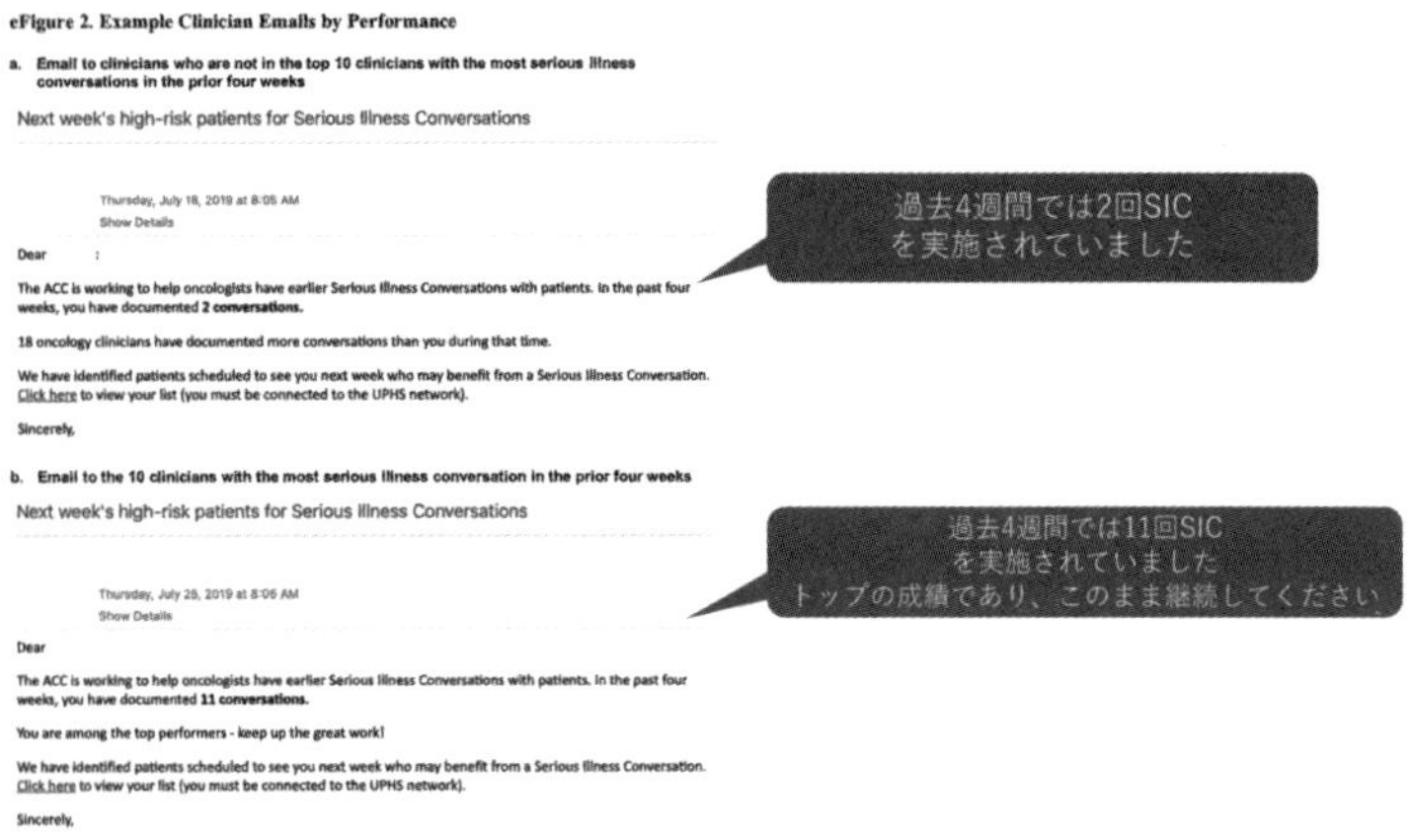

（出所）Manz et al.（2020）.

・ハイリスク患者が来るというテキストメッセージ
・これまでのＳＩＣ実施率に関してのフィードバック（ピア効果）

このようにフィードバックしたところ、結果としてはＳＩＣの実施は全体として１％→５％と上昇し、より死亡予測確率が高いとされるハイリスク患者では４％→15％と上昇した。本研究で明らかにされたことは、意思決定支援の実施においては、医療従事者側の行動も重要でそれらを行動経済学的な視点から改善させることが可能であるということだ。

このようなピア効果はがん以外の他の非感染性疾患における領域でも有効なのだろうか？　心血管疾患の予防にコレステロールを

図12-2　スタチンを処方する患者のリストと処方例

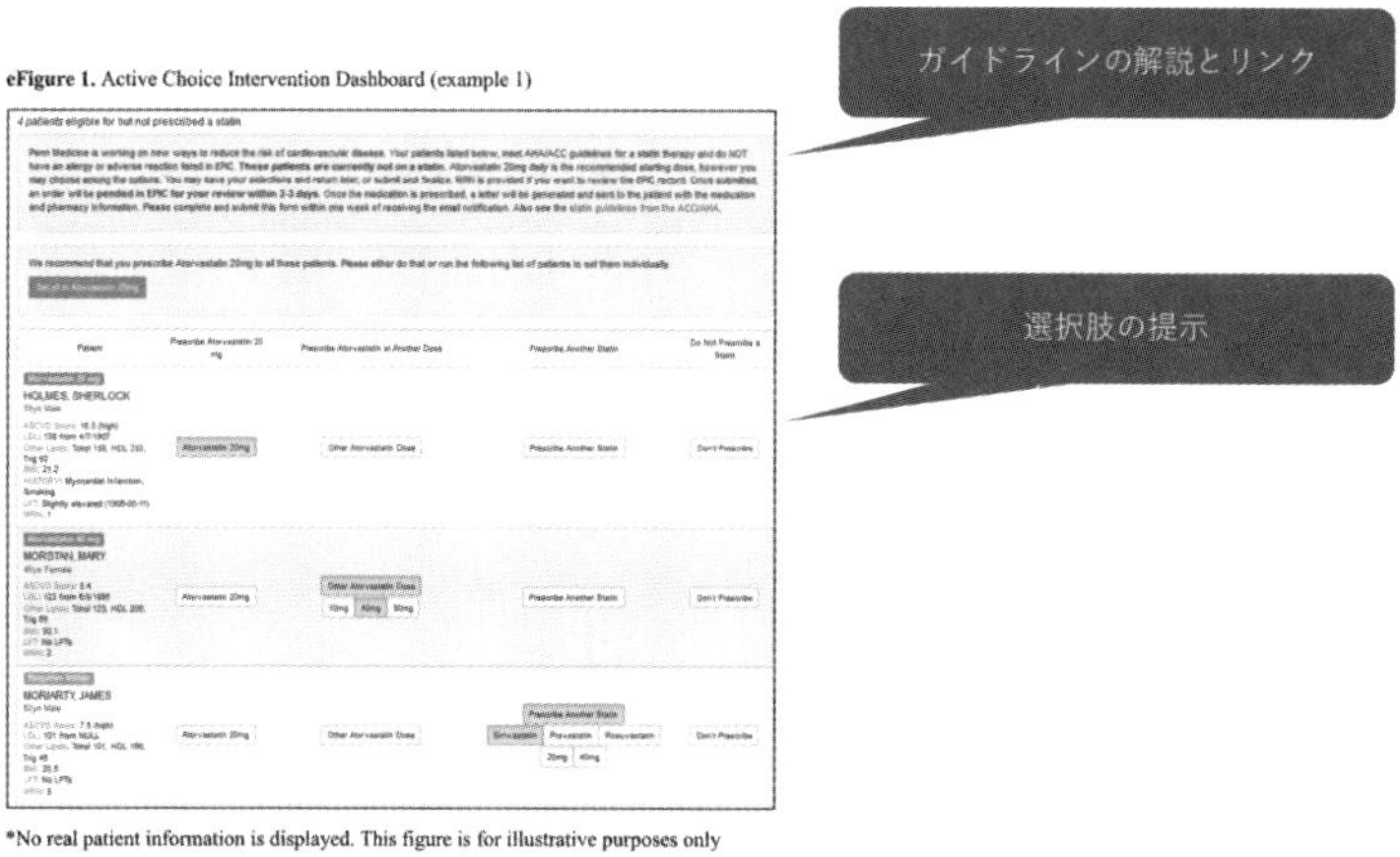

（出所）Patel et al.（2018）.

低下させるスタチンという薬剤がある。米国の研究では、本来スタチンが必要な患者の多く（60％に上る）に処方がされていないという報告もある。このような背景から医師に対して、電子カルテ上でスタチンの処方を推奨するポップアップが表示されるシステムおよび、先ほどの研究と同様に、処方率のフィードバックを実践した場合、処方率が向上したという研究がある。[11] これまでにも電子カルテ上でのフィードバックはClinical Decision Support System（CDSS）という形で実装されており、日本でもいくつか実装可能な電子カルテシステムが存在する。今後はこのような柔軟な電子カルテからのアプローチがさらに開発されてくるものと考えられる。これまでの有効であると考えられたシステム（CDSS等）に行動経済学的要素を追加することが一つの行動変容につながるということが示された一例であろう。選択肢の提示方法だけでもいくつも考察可能なことがある。[12]

ピア効果・フィードバックに関しては、前述のとおり患者向けにおけるピア効果においても効果を示しており、今後も基本的戦略になってゆく可能性が高い。

5 臨床現場での応用に向けて

ここまで非感染性疾患における、行動経済学的なアプローチといくつかの臨床研究について解説してきた。まだまだ臨床現場での応用においては研究が不足しており無限大の可能性があると考えている。今後のさらなる理論に基づいた介入研究の実装が待たれる。

（水野　篤）

第13章

内服投与事故のプロセスと解決するためのナッジ

【本章のポイント】

- ある面に意識を集中すると別の面への注意が減るので意識の集中だけではミスを防げない。
- 内服投与事故で多いのは、伝達や連絡等のコミュニケーションのミス。
- 確認作業を増やすという対策には、ミスを増やす可能性がある。
- 意識していなくても自然に正しい行動ができるようにシステムや環境デザインを変える、ICTを活用する等、ナッジを使う。

看護師長「最近、内服薬を間違えて患者さんに渡すというミスがありました。このようなことが発生しないように、内服薬を配薬する際の確認を増やすことにします。」
看護師「患者さんが多くて、似たような形状の薬や用法が異なる薬があって、決められた確認作業はしているのですが、また確認作業が増えると……。作業の途中でナースコールがあったり、疲れていたりするとこれ以上確認作業をするのも難しいです。どうしたらいいでしょうか。」

1 意志力を求める医療安全対策：解決したい課題・問題背景

医療現場では、日常業務の中で数多くの安全対策の実施が求められており、医療従事者はこれを遵守することに大きな労力を注いでいる。事故防止対策マニュアルは日々増えていき、医療やケア行為のたびに指差し呼称やチェックリストによる確認が行われている。過密な医療活動の中で医療従事者の作業フローは一層多様化しており、常に注意力を高めて行動しているため、現場の職員は疲弊しているように見える。医療事故を防止するために安全対策を増やすことが疲弊につながり、そのことによってかえって事故リスクを高めてしまうという悪循環が生まれているのは皮肉なことだ。

2つの事故対策システム

人間には2つの情報処理システムがあるといわれる。システム1は速い思考、すなわち直感的思考で、暗黙のうちに経験則などの簡単な法則で考えたり判断したりしている。システム2は遅い思考で、いわゆる知的な活動を指し、注意力が必要で意識的な努力が求められる。(1) 医療安全対策をこの2つのシステムで分類すると、人のバイアスやデザインを利用する対策はシステム1に、マニュアルの作成や教育・啓蒙等はシステム2に働きかける対策といえるだろう。私たちの日常的な医療安全対策は、どちらを多く用いているのであろうか。

公益財団法人日本医療機能評価機構による医療事故情報収集等事業「医療安全情報集No.1〜155（2006年12月〜2019年10月）」の全事例を対象に、そこで示された医療事故防止策を検討し、システム1とシステム2いずれに働きかける対策かを整理してみた。すると、155事例で235件の対策が示されていたが、「対策マニュアルやルールの作成・徹底」97件（47・0%）、「医療者の教育・研修」86件（41・7%）等、システム2の対策が206件（87・6%）と大半を占めていた。一方、「識別・行為を容易にする仕組み」は10件、「物品・設備デザイン」は9件等、システム1に働きかけた対策はわずか29件（12・3%）に過ぎなかった。(2)

従来、医療現場のエラー対策は、「人は誰でも間違える」ことを前提に、個人の注意力や意志力のみに依存することがないよう、「エラーや危険を伴う作業数を減らす対策」（危険な薬剤を病棟に置かないようにする等、薬剤・機器の配置や環境を整える)、「各作業においてエラーを起こす確率を低減するための対策」(経腸栄養ラインと輸液ラインとは物理的に接続が不可能にする、名前が似ている薬剤のパッケージの色を変える等視覚的に間違いを際立たせる、エラー検出策を多重に設ける)といった対策を取ることが推奨されてきた。[3]

事故要因としての非注意性盲目

特に近年は、意識を集中するだけではミスを防げないという人間の認知メカニズムも明らかになってきた。放射線科医に肺がんスクリーニングで肺結節の検出作業をしてもらった実験がある。[4]この実験では、肺結節の48倍もの大きさのゴリラの画像をCT画像に忍ばせていたが、放射線科医の83%(24人中20人)がゴリラを「見なかった」と回答している。この実験ではアイトラッキングで医師の視線の動きを確認していたが、20人中12人がゴリラを潜ませた場所を「見ていた」にもかかわらず、これを認識することができなかったのである。これは、視野の中に入っているものの、注意が向けられていないために物事を見落としてしまう「非注意性盲目」という現象である。人が何か一つのことに集中していたり、特定のものに注意を向ける度合いが高すぎたりしているときに起こることが知られている。どんなに注意をしていても、別の作業を並行して行ったりしていると、訓練を積んだ専門家であっても、通常では簡単に識別できることでさえ見逃してしまうのである。

医療現場の医療事故には、非注意性盲目のようなメカニズムで発生しているものも少なくない。では、複数名の目で頻回にチェックを行えば、このようなミスを防ぐことができるのだろうか。残念ながら、チェックを多重（ダブルチェック、トリプルチェック）にするほどに、エラーの検出率は低下してしまうことが知られている。[5][6] 私たちは、チェックを実施する人数が増加するのに伴って、1人当たりの責任が薄くなり「誰かがやってくれるだろう」という気持ちになりがちなのである。この現象はリンゲルマン効果（社会的手抜き）と呼ばれている。これらを回避するためには、従来の安全対策に加え、個人の認知力や能力だけに頼らない医療事故防止策を講じる必要がある。内服事故を例に、これを考えてみよう。

2 内服事故の事故要因は：人々の行動を見る

我が国の日本医療機能評価機構の医療事故情報収集等事業：第63回報告書によるとヒヤリハットで最も多いのが薬剤の事故であり、全体の34・7％と報告されている。連絡、伝達等のコミュニケーション・エラーが事故要因の一つになっている。[7]

そこで、内服薬事故の職種間コミュニケーションのエラーの原因とその予防策を分析し、ナッジを活用した効果的な事故予防策について検討してみよう。

内服準備		配薬		内服		合計			
事故要因数	伝達要因数	事故要因数	伝達要因数	事故要因数	伝達要因数	事故要因数		伝達要因数	事故要因に占める伝達要因の割合
0	0	0	0	0	0	42	25.6%	17	40.5%
1	1	1	1	0	0	19	11.6%	14	73.7%
25	12	43	15	27	6	99	60.4%	35	35.4%
0	0	0	0	3	3	3	1.8%	3	100.0%
0	0	0	0	0	0	1	0.6%	0	0.0%
26	**13**	**44**	**16**	**30**	**9**	**164**	**100.0%**	**69**	**42.1%**
15.9%		26.8%		18.3%					
50.0%		36.4%		30.0%					

事故事例データベースは、日本医療機能評価機構医療事故情報収集等事業事例を使用し、２００１〜２０１９年において内科の病室内で発生した内服事例62件を抽出し、分析を行った[8]。

内服事例62件から１６４の要因が抽出された。内服事故の発生までのプロセスを、処方、確認、梱包、運搬、保管、内服準備、配薬、内服の８段階に分け、さらに、内服投与に関与する、医師、薬剤師、看護師、その他の職員ごとに、どの段階でどのようなミスが生じたのかをまとめたのが表13−1である。

８つのプロセスのうち最も事故発生要因が多かったのが、処方段階で

表13-1　職種別・プロセスごとの内服事故の要因

	処方		確認		梱包		運搬		保管	
	事故要因数	伝達要因数	事故要因数	伝達要因数	事故要因数	伝達要因数	事故要因数	伝達要因数	事故要因数	伝達要因数
医師	42	17	0	0	0	0	0	0	0	0
薬剤師	0	0	15	11	1	0	1	1	0	0
看護師	3	2	0	0	1	0	0	0	0	0
患者	0	0	0	0	0	0	0	0	0	0
その他	1	0	0	0	0	0	0	0	0	0
合計	**46**	**19**	**15**	**11**	**2**	**0**	**1**	**1**	**0**	**0**
全事故要因に占める各プロセスの要因数の割合	28.0%		9.1%		1.2%		0.6%		0.0%	
各プロセスの伝達要因の割合	41.3%		73.3%		0.0%		100.0%		0.0%	

（出所）渡辺他（2021）.

46件（28・0％）、次いで配薬段階の44件（26・8％）、内服段階の30件（18・3％）、内服準備段階の26件（15・9％）であった。職種別に見ると、医師は処方、薬剤師は確認、看護師は配薬段階での事故の発生が多く、それぞれに要因が異なっていた。

医師による事故は、全て処方段階で発生していた。最も多い要因は「患者の病態、治療と薬剤の確認ミス、禁忌の認識が希薄」で11件であった。また、コミュニケーションに関わる要因として、「入院前の病院や診療科との連携不足」8件、「他職種との連携ミス」5件、「持参薬の把握ミス」4件だった。

薬剤師では、確認段階のミスが多

く「伝達された処方内容を照合したが危険を認識しなかった」7件、「処方内容に関して危険や違和感を認識したが確認しなかった」3件、「他職種への伝達ミス」1件が要因となっていた。

内服に関わる最終行為者である看護師の事故要因が99件（60・4％）と最も多く、主に内服準備段階25件（25・3％）、配薬段階43件（43・4％）、内服段階27件（27・3％）の段階で発生していた。最も多い要因は、内服準備段階では、「処方内容・処置内容・病態を照合したが危険を認識しなかった」「6R確認ミス」でそれぞれ7件だった。また、配薬段階では「思い込み」11件、「6R確認ミス」14件、さらに、内服段階では「患者の状態のアセスメントミス」8件、「内服完了を確認しなかった」7件であった。

164の要因のうち、伝達や連絡等のコミュニケーション由来の要因は69（42・1％）で、確認ミスも多かった。これに対して、どのような対策が取られているのだろうか。

3 内服事故の事故予防対策の現状：人々の行動を見る

内服事故事例に記載されていた事故予防対策は140件で、システム1の環境やシステムを変える対策は20件（14・3％）、システム2の意識や努力を要する対策は120件（85・7％）だった。

職種別に見ていこう。医師の対策で最も多かったのがシステム2の「確認の徹底」で12件であ

表13-2　職種別・プロセスごとの内服事故の予防対策

	処方				準備								内服			
	処方		確認		梱包		運搬		保管		内服準備		配薬		内服	
対策分類1／2※	1	2	1	2	1	2	1	2	1	2	1	2	1	2	1	2
医師	8	35														
	43															
薬剤師			3	10											0	1
			13												1	
看護師									1	1	0	30	6	34	2	9
									2		30		40		11	

※1：意識や努力を要しない（ナッジ，環境やシステムを変える）.
※2：意識や努力を要する（教育，研修，ガイドライン，マニュアル）.
（出所）渡辺他（2021）.

表13-3　システム1の医療事故対策

システム1対策分類	件数	例
簡潔なルール	7	特定の薬剤を処方できる科を限定
		識別しやすい明快なラベル
		持参薬は回収
		薬剤のユニットドーズ化
事故防止の環境デザイン	2	似通った名前で効用の異なる薬剤を同じ場所に保管しない
視覚的識別効果	3	注意事項は赤字で掲示
		警告・注意ランクの色分け
		似通った名前で効用の異なる薬剤の識別ラベル
物品の用途の固定化	1	内服容器は内服薬のみに使用
アラート機能	3	処方時の総用量上限等が設定・警告
		重複処方の警告
その他	4	動きやすい環境

（出所）渡辺他（2021）.

った。「システム1の対策」は8件、そのうち簡潔なルール（特定の薬剤を処方できる科を限定する等）が2件、視覚的効果（注意事項は赤で示す等）が2件、アラート機能（誤処方や重複処方が疑われる場合は警告が出る等）が2件だった。

薬剤師の「処方後の確認」が10件で、「識別しやすい併用禁忌の表示」「アラート機能の設定」等があった。

看護師の各段階での対策は「確認の徹底」「教育・訓練」等の注意力を高める方策がほとんどである。「システム1の対策」は少なく、電子カルテシステムによるアラート機能を用いるといった対策はなかった。多くの患者に複数の形状・用法が異なる薬剤を投与するための確認行為は、疲労の蓄積や他の業務との重複、ナースコール等で注意力が途切れたりすることによって、認識力が著しく低下していく。このような認知負荷が高い状況では、確認のための方策を増やすことそのものがミスを誘発することになりかねない。

4 負荷の少ない医療安全対策を増やそう：行動経済学的に分析／ナッジの戦略

医療現場での事故原因の多くは、確認をすれば予防できることである。しかし、その確認が確実に実施することができない。毎日数限りなく繰り返される確認を、忙しさに紛れて「ついうっかり忘れてしまう」、確認行為に慣れて陳腐化してしまって確認しているつもりであるのに「全く意識されていない」、また、非注意性盲目のように多重作業の状況下では認知処理能力が低下して「認知できない」ということが起きているからである。

しかし、このような現状にもかかわらず、医療安全対策は、教育や訓練、安全対策マニュアルの作成、チェック表による確認といった対策が主となっている。ますます高度化し複雑化する医療サービスを提供し、繁忙度が高まっている医療現場において、医療安全を高めるためには、医療スタッフの認知処理能力に負荷をかけない方策を増やしていくべきであろう。EASTを参考に、そのような対策を考えてみよう。(9)

簡潔に：「やめる・なくす」のデフォルトを増やそう

ややもすれば、対策は増えていく一方であるが、「やめる・なくす」作業を増やすことで、エラーや危険を伴う作業への遭遇数を減らしていくことが必要だ。例えば、医師では、その薬は本当に必要かどうかを検討し、与薬を止めたり減らしたりする、転記を止める（オーダリングシステムの導入、電子カルテ、カーボン紙の利用等）や、薬剤作業では、調合作業を止める（ダブルバッグの使用）、病棟では危険な薬剤を病棟に置かないといったことである。

魅力的に：分かりやすく楽しく

注意事項等のメッセージを簡素化したり、色、イラスト、画像等で注意を引いたりして、分かりやすく、魅力的にすることも重要だ。外用目的の製剤のラベルに赤字で「禁注射」と表示する等の「識別しやすいラベリング」等、色分けしておく、アイコン・ピクトグラムの利用、大きく書くといったことや、目につく具体的な注意事項を必要な箇所に貼り付けておく、手がかりをたくさんつける、順番を書いておく（操作の順番がスイッチに貼り付けてあると操作が簡単になる）といったことだ。アフォーダンス（見ただけで分かるようにする）、音色を変える（警報の音色を変える）も有効だ。

各作業においてエラーをしてしまう確率を低減するために、作業の中断をしない（薬剤準備中は「作業中：声かけ禁止」のたすきをかける）、決められた手順を省略しない（それをしないと次の工程に移れない）といったことを職場のデフォルトにしてもいいだろう。

周りを巻き込み社会化する

他の人にコミットするように奨励したり、周りから見られているということを利用するのも効果的だ。チェックリストに、実施者の氏名欄と実施日の記載欄を設けると、実施率が高まる。指差し呼称は、うっかり忘れたり面倒でスキップしたりしてしまいがちであるが、処置用のワゴンの四隅に「注射や点滴の前に指差し確認」と書いたカラーテープを貼っておくと、患者や家族がその文字を読み医療者の行為に注目するため、忘れにくくなる。

タイムリーにエラーを検出しやすくする

視覚的な照合を容易にする、正しい組み立てができていない場合は幾何学模様が不自然になる表示にする、機械で検出する仕組み（バーコードによる認証、総投与量の上限を超えると知らせる「アラート機能」や、タイムアウト機能を用いる）等も有効である。

5 実践への示唆

医療事故防止策の多くが、安全知識を増やし認識を高めることによって行動を促すことに焦点を当てており、その結果、安全教育やマニュアル作成などが対策のほとんどを占めている。これらが重要な対策であるのはもちろんであるが、ヒヤリハットや事故が生じるごとにこのような対策だけが増えていっては、繁忙度の高い職場では、真面目に取り組むほど職員が疲弊し、悪循環から抜け出すことはできない。教育やマニュアルの整備、チェックリストの使用などの対策が効果的な場合もあれば、非注意性盲目が要因になっている場合のように、それだけでは効果が生まれない場合もある。非注意性盲目のような認知メカニズムが要因になっている場合、意識していなくても自然に正しい行動ができるようにシステムや環境デザインを変える、ＩＣＴ等を活用して認知を助ける等、ナッジを活用した対策が必要となる。職場の事故の要因分析をもとに、人の認知負荷を減らすナッジやデザインなどを検討し、各作業においてエラーを起こす確率を低減するための対策として用いていく必要があるだろう。

既存の医療安全対策に加えて、自然に事故予防行動が取れるようなナッジの仕組みやデザイン、環境設計を上手に導入することによって、対策疲れで疲弊することなく、医療安全をより達成することができると考えている。

（小池智子）

第14章

メンタルヘルスケア受診・受療行動促進のためのナッジ

【本章のポイント】

- メンタルヘルスケアの受療に至らないことには現在バイアスや損失回避（スティグマ）のような強いバイアスの影響がある。
- リバタリアン・パターナリズムに基づくデフォルト化やナッジを使ったメンタルヘルスケアの受診・受療勧奨が必要である。

産業医「ストレスチェックの点数がとても高いです。この点数だと、お仕事や生活に影響が出ていないか心配です。」
会社員「最近ちょっと疲れてはいますが、大丈夫です。」
産業医「少し仕事をお休みした方が……。」
会社員「でも私が受け持っている仕事を他の人には任せられないんです。他の人に仕事をお願いするのはちょっと……。」
産業医「その気持ちも分かりますが……。このままにしておくと仕事ができなくなるかもしれません。専門の病院を紹介するので、受診するようにしてください。」
会社員「それって精神科ですか？　なんか怖いです。まだ今は会社に来られてるから大丈夫です。自分でなんとか解決します。ありがとうございました。」
産業医「そうですか……。」（心の声：本当に分かっているのだろうか？　なんでコチラの言うことを理解できないのか？）
（一カ月後）
会社員「……しんどくて起き上がることができないので、会社を休ませてください……。」

1 メンタルヘルス不調を減らす取り組み

メンタルヘルス不調は大きな社会的問題となっており、多くの企業で社員のメンタルヘルスの改善に向けて様々な取り組みがなされている。その中の一つに、「ストレスチェック制度」がある。主に、職業性ストレス簡易調査票が用いられ、基準を超えた点数となると高ストレス者として判定され、医師による面談を勧められる。しかし多くの職場で、この呼びかけに対してすぐに面談に応じる人は少ないようである。一般的に、メンタルヘルス不調となった人は、精神科・心療内科クリニックを受診しない、あるいは専門的な心理カウンセリングを利用しない。そのために症状が重症化し、休職、離職など社会生活に影響が生じることになる。

一方で、うつ病など精神障害は、不調をきたしてから専門機関を受診・受療するまでの期間(Duration of Untreated Illness：以下、ＤＵＩ)[1]が短いほど治療の有効率が高いということが明らかとなっている。すなわち、メンタルヘルス不調になった人が早期にメンタルヘルスケアの専門家・専門機関を利用できるような仕組み「ナッジ」を構築すれば、治療の有効性を高め、うつ病などの精神疾患・障害の予防が可能となるのではないだろうか？　本章では、このようなメンタルヘルス不調に関するナッジ構築について実践例を踏まえて解説する。

2 なぜメンタルヘルス不調となっても専門機関を利用しないのか

過去1年間にメンタルヘルス不調により連続1カ月以上休業あるいは退職した労働者がいた事業者の割合は、全事業者の9・2％という報告[2]や、労働者個人を対象とした調査では、仕事や職業生活に関するストレスがあると回答したものが54・2％であったという報告があるように、メンタルヘルス不調は大きな社会的課題であり、メンタルヘルスに対して社会の関心が急速に高まっている。そのため、「こころのケア」や「メンタルヘルス」の重要性に関する認知は非常に高い。

しかし、メンタルヘルスに対する一般市民のニーズと現在供給されている専門的サービスの間には大きなギャップが存在する。例えば、うつ病等を含む精神障害を持った人が、精神科等の医療機関を利用する率は、約2割と低いことが示された[3]。また、がん患者に対して抑うつのスクリーニングを行い、カットオフ値を超えた患者に対して精神科受診を勧めたところ、7割以上の患者が受診を拒否したことが報告されている[4]。また、我が国のストレスチェック制度においても、職場において高ストレス者をスクリーニングし、医師による面談を勧奨することが制度化されているが、実際に面談を受けた労働者は0・5％であり、高ストレス者が10％いた職場であった場合の利用率は5％程度となり、低い利用率となっている[5]。つまりメンタルヘルスやそのケアに関しては、社会的認知度は高いが適切な受療行動に結びついていない現状がある。

そこで、適切な受療行動を促すことが重要となる。精神科や心療内科、心理カウンセリングなどのメンタルヘルスケアの専門機関への適切な受診・受療行動の中で、メンタルヘルス不調が発生してから専門機関を受診・受療するまでの期間をできるだけ短くすることが特に重要である。この受診・受療までの期間のことをDUIといい、統合失調症・双極性障害・うつ病・不安障害などの精神障害を含むメンタルヘルスの問題において、DUIが短いことが、予後の改善と関連がある[6]。よって、メンタルヘルス不調の問題を解決するためには、重症化する前、すなわち職場などの社会的文脈におけるストレスによりもたらされた適応障害レベル（うつ病・不安障害も含む）の段階での早期受療が重要である。

メンタルヘルスケアの専門家への早期受療を促進する要因として、精神医療サービスの利用と関連することが示されているメンタルヘルス・リテラシーの概念がある[7][8]。メンタルヘルス・リテラシーとは「精神障害の認識、マネジメント、予防に関する知識と信念」と定義され[9]、（a）精神疾患だと同定できる能力、（b）疾病原因に関する知識と信念、（c）セルフヘルプに関する知識と信念、（d）専門家援助に関する知識と信念、（e）疾患の認識や適切な受診を助ける態度（あるいはスティグマ）、（f）精神医療に関する情報の入手方法の知識の6つの概念があるとされている[10]。専門機関への相談や家族、友人等への相談も含む行動を援助要請行動というが、この援助要請行動の向上を目的とした介入研究では、メンタルヘルス・リテラシー、すなわち精神障害に関する正しい知識の獲得や、それによる精神症状に関する正確な自己認識が重要視されており、それらを目的とした情報提供の効果については、援助要請意図は高めるものの、実際の援助要請行動の増加は十分ではないことが指摘されている。[11] つまり、これまでのメンタルヘルスにおける受療行動、受診行動対策は、「正しい知識」を伝え、それを理解することが行動変容の前提として考えられているといえる。そのため、有効な対策を行うことができていないのではないかと考えられる。

3 メンタルヘルスケア受療行動の行動経済学的メカニズム

そこで、私たちのプロジェクトでは、メンタルヘルス受療行動のメカニズムを明らかにするために、メンタルヘルスケア（精神科・心療内科・心理カウンセリング等）利用経験のある819名を対象とし、Web調査を行った。[12] 不調を自覚してから受療までの期間が6カ月以内（DUI6カ月）であったことを説明変数としてロジスティック回帰分析を行ったところ、年齢が高く、会社員であること、非正規雇用であること、受療前に疲労感と行動力の低下（増加）の症状があり、受療前の問題が性格の弱さのためであり、そのため治らないと思っている、さらに受療行動に対するバリアの認識がある場合に、DUI6カ月以上が予測され、一方で、「放っておくと大変なことになると思った」というメンタルヘルスの重大性に関する認識は、DUI6カ月未満を予測する変数であることが明らかになった（表14−1）。

表14-1　DUI6カ月以内を予測する要因

ブロック	モデルに投入された変数	多変量解析結果		
		OR	95% CI	P
1	性別	1.03	0.70–1.52	0.88
	年齢	0.97	0.96–0.99	0.00
	会社員	0.63	0.41–0.96	0.03
	パート・アルバイト・派遣（非正規雇用）	0.61	0.38–0.99	0.05
	主婦	0.90	0.52–1.56	0.70
2	受療前の症状：疲労感	0.67	0.48–0.94	0.02
	受療前の症状：行動力の低下（増加）	0.45	0.28–0.73	0.00
3	受療前の問題：性格の弱さ	0.75	0.51–1.09	0.13
	メンタルヘルスケアに対する受療前のイメージ：受療行動に対するバリア	0.72	0.50–1.05	0.08
4	受療前のメンタルヘルスに関する認識：放っておくと大変なことになると思った	1.21	1.03–1.43	0.02
	受療前のメンタルヘルスに関する認識：性格的な問題だから治らないと思った	0.79	0.66–0.95	0.01

（出所）平井他（2019）.

これらの結果を行動経済学的に解釈すると、「受療前の問題が性格の弱さのためであり、そのため治らないと思っている」ことは確証バイアス、「放っておくと大変なことになると思った」は現在バイアスであると考えられる。このうち、メンタルヘルスにおいてはスティグマと呼ばれているものがネガティブな確証バイアスにより作り出され、それが受療時のコスト、すなわち損失として認識され、スティグマを持つ人は、損失回避的になると考えられる。次に、現在バイアスは、受療が必要な人にとってはその時の精神状態や症状がそれを大きく生じさせると考えられる。例えば、うつ病ではその症状の一つとして、物事の捉え方（認知）が、否定的な方向に大きく歪み、それが時間軸にも影響することで将来、自分に起こることも否定的に捉えられるという強い認知バイアスが生じるとされている。[13] これにより、もともとある現在バイアスがさらに強く生じると考えられる。

これらのことから、スティグマを大きくしないためには、まずは、現在の損失を認識させないような情報提供と規範の形成が必要であると考えられる。さらに、すでにスティグマとなってしまったことを修正することは困難であるため、スティグマを回避する新しいワーディングやコンセプトの利用も検討すべきであると考えられる。スティグマは恐怖感情を生起させることになるが、人は恐怖心を煽られると、その危険性を否定し、偏った情報処理を行い、メッセージから目を背ける、といった防衛的反応を引き起こすといわれている。[14] そのため、ハイリスクな人ほど恐怖心を煽るメッセージを否定したり回避したりすることになるため、恐怖訴求と呼ばれる方法の利用には注意が必要である。そこで、現在バイアスへの対策としては、受療しないことで生じる将来の損失の認識を、恐怖訴求とはならない方法でインプットするコミュニケーションの方法が求められる。一般的には、脅威にさらされている、すなわちリスクがあることを伝えつつ、同時に効果的なリスク軽減行動を実施できるという自己効力感（セルフ・エフィカシー）の強化を行うことであるといわれている。[15]

4 メンタルヘルス受療行動を促進するための戦略

そこで、これらのバイアスやリテラシーの特徴を踏まえ、さらにこれまでのヘルスプロモーションでターゲットとなった心理学・行動経済学的概念を用いて表14-2のようなコミュニケーションの戦略を考案した。この表は、WHO-WHAT-HOWのソーシャルマーケティングで用いられるコミュニケーションのフレームワーク[16]に従い、遅延受療者の特徴（WHO）、伝えるべきメッセージやコンテンツの内容（WHAT）、メッセージとコンテンツの伝え方、提示の仕方（HOW）を示したものである。

これをもとに作成したナッジの戦略は、以下の2つである。まず、1つ目の戦略は、メンタルヘルスケアについてのスティグマや受診・受療に関するバリアを回避すると同時に、うつ症状のうち疲労感や行動力の低下といった症状についての認識を高めるため、「脳が疲れている」、すなわち「脳疲労」というフレームを利用したキャンペーンを行うこととした。「脳疲労」とは、「急性・慢性の心理的、物理的な脳へのストレス負荷により、脳機能が低下し、社会機能ないし日常生活に支障をきたしている状態」と定義されている[17]。この定義に従って脳疲労度を測定する20項目の脳疲労尺度が開発されている[18]。この「脳疲労」というフレームを利用し、現在自分に生じている状態について脳機能というメカニズムの観点から説明を与えることで、それを「自分自身の性格

表14-2　Web調査結果と形成的調査によるメンタルヘルスケア・リテラシーのコアコンテンツ案

WHO 遅延受療者の特徴	WHAT 伝えるべきメッセージやコンテンツの内容	HOW メッセージとコンテンツの伝え方・提示の仕方
ほうっておいたら大変になると考えていない	・早期受療のための行動変容の必要性（「早く受診しましょう」）	・早期受診を呼びかけるメッセージの直接的な提示（全コンテンツ共通）など
主観的規範が弱い（周囲からの受診勧奨がない）	・メンタルヘルスケアを受療した人の特徴	・自分自身に適合することを確認できるよう、結果の項目表示（Web・研修） ・調査結果をチェックリスト化（チラシ）
受療行動にバリアを感じている	・分かりやすい利用の手順 ・専門家へ援助を求めることの必要性 ・メンタルヘルスケアの内容 ・受療に伴う負担の提示 ・重症と軽症の場合の受療行動の違い	・受診までの流れを示す簡潔なフロー図（全コンテンツ共通）など
治療による効果を認知していない（原因帰属の誤りなど）	・メンタルヘルスケアの受療により症状・状態が改善すること（「気分が楽になる」） ・早期受療により重症化が防げること、治療期間が短くなること ・性格や自分自身のこころのあり方の問題ではなく、脳の疲労状態のようなものであること	・治療の利益について、統計的データを視覚的に提示（Web・研修）など
メンタルヘルスケアへの否定的または偏ったイメージを持っている	・実際に多くの人が利用し、改善したと感じていること ・メンタルヘルスケアの専門機関は、普通の人でも利用可能であることなど	・調査結果を用い、それぞれの統計的データを視覚的に提示（Web・研修）など
抑うつ関連症状がある：疲労感が強く、行動力が低下しているまたは、抑うつ関連症状についての認知が低い	・受診をしないと生活への影響が大きくなること ・抑うつの症状についての知識 ・他者へ援助を求めることの必要性	・早期受診したものとしていないもの2種類のストーリー紹介（Web・研修）など

（出所）平井他（2019）.

の問題」のような人格の一部であるかのような捉えられ方から、脳という臓器の問題として外在化させて捉えることができるようになる。そうなると自分自身の他の臓器の不調と同様に、それに対して客観的な手段を対象として選択できるようになる。その結果、「脳の問題なので医療機関を利用する」「疲労なので休息、睡眠をとる。疲れないように仕事の仕方を工夫する（ストレスマネジメント）」を積極的に採用できるようになると考えた。これは前述のリスクを伝えつつも予防行動に対する自己効力感を高めることに対応していると考えられる。

2つ目の戦略は、現在バイアスによる先延ばしを防止するために、受診・受療のコミットメントを高める戦略である。これには2つの方法があり、一つはメンタルヘルスケアの専門機関の受診・受療・利用の手順を分かりやすく示すことで実行意図を高める方法である。これは弱いリバタリアン・パターナリズムに基づくものであり、受診勧奨のリーフレットのメッセージやデザインに反映させるといった方法となり、がん検診の受診率対策で用いられた方法である[19][20]。このためメンタルヘルスケアにおいても受診・受療に対してプラスアルファをもたらすことはできるが、大きなインパクトのある効果は期待できない。

もう一つの方法は、メンタルヘルスケアの専門機関の受診・受療や専門家への相談を原則必須のデフォルトにしてしまうというものである。これは、デフォルトの変更であるため通常のナッジよりも強い力を持った仕組みとなり、産業保健の領域においては、産業医面談や精神科医、心理士との全員面談を行うというものである。会社の健康診断などの機会を利用して産業医が面談したり、人事部が行う社員面談にメンタルヘルスの専門家との面談をデフォルトとしてしまったりという方法が該当する（ただしオプトアウトとして設定するため利用を拒否することができる）。現状として、ストレスチェック制度における高ストレス者面談のように、スクリーニングにより基準に当てはまった人のみをメンタルヘルスケアの面談に呼び出すのが一般的であり、効率的であると考えられている。しかし、この方法の場合、基準に該当し「呼び出される」ことが、心理的リアクタンス（反発）を生じさせたり、周囲の人から「心の弱い人」のように思われるのではないかというスティグマを強化したりすることになるため、基準に当てはまった場合でも多くの人が実際の面談に行かないと考えられる。そこで、メンタルヘルスの状態が不調であるかどうかにかかわらず、採用時や採用後5年目などの一定の基準に該当する全員を面談の対象にするのである。これは全員がメンタルヘルスの専門家との面談に呼び出されるので、周囲から自分が高ストレス者、メンタルヘルス不調者であると思われることを心配する必要がなくなる。これを継続することで、メンタルヘルスケアの専門家の面談は全ての人が経験するものであるという規範がその組織やコミュニティに形成されることになるのである。さらに、これまでの我々の調査では、実際にメンタルヘルスケアを利用した人は、利用後にそのイメージが改善されることが分かっており[21]、専門家に一度会うことにより最初の面談時には、特に不調でなかった人も、その後、不調を経験した際には受診・受療のハードルを下げる効果があると考えられる。これらのことは長期的にはメンタルヘルスケアに対するスティグマを減らす効果があると考えられる。

5 精神科受診のDUIを短縮させる「脳疲労キャンペーン」

脳疲労キャンペーンの内容

「脳疲労キャンペーン」は、メンタルヘルス受療行動を促進するための1番目の戦略に基づくメンタルヘルスプロモーション介入である。メンタルヘルスケアについてのスティグマや受診・受療に関するバリアを回避すると同時に、うつ症状の中の疲労感や行動力の低下といった症状についての認識を高めることを目的として実施された[22]。

対象は、筆者の所属する大学の学部生・大学院生であり、その保健センター精神科の受診者をターゲットとした。脳疲労キャンペーンを実施する前の2年間（２０１６～２０１７年）を対照期間とし、保健センター精神科を受診した学生を対象にアンケート調査を実施し、最初に不調を経験してから精神科を受診するまでの期間ＤＵＩ、受診時の主訴（症状）に関する自由回答、精神的健康度の指標としてのＧＨＱ12を測定した。その後2年間（２０１８～２０１９年）を介入期間として「脳疲労キャンペーン」を実施した。脳疲労キャンペーンでは、毎年春に実施される全ての学年を対象とした健康診断の際に、保健センター精神科の受診に関するリーフレットを配布し、さらにチラシ（図14－1）と連動したＷｅｂサイト（図14－2）を設置した。

図14-1 脳疲労キャンペーンで使用したリーフレット

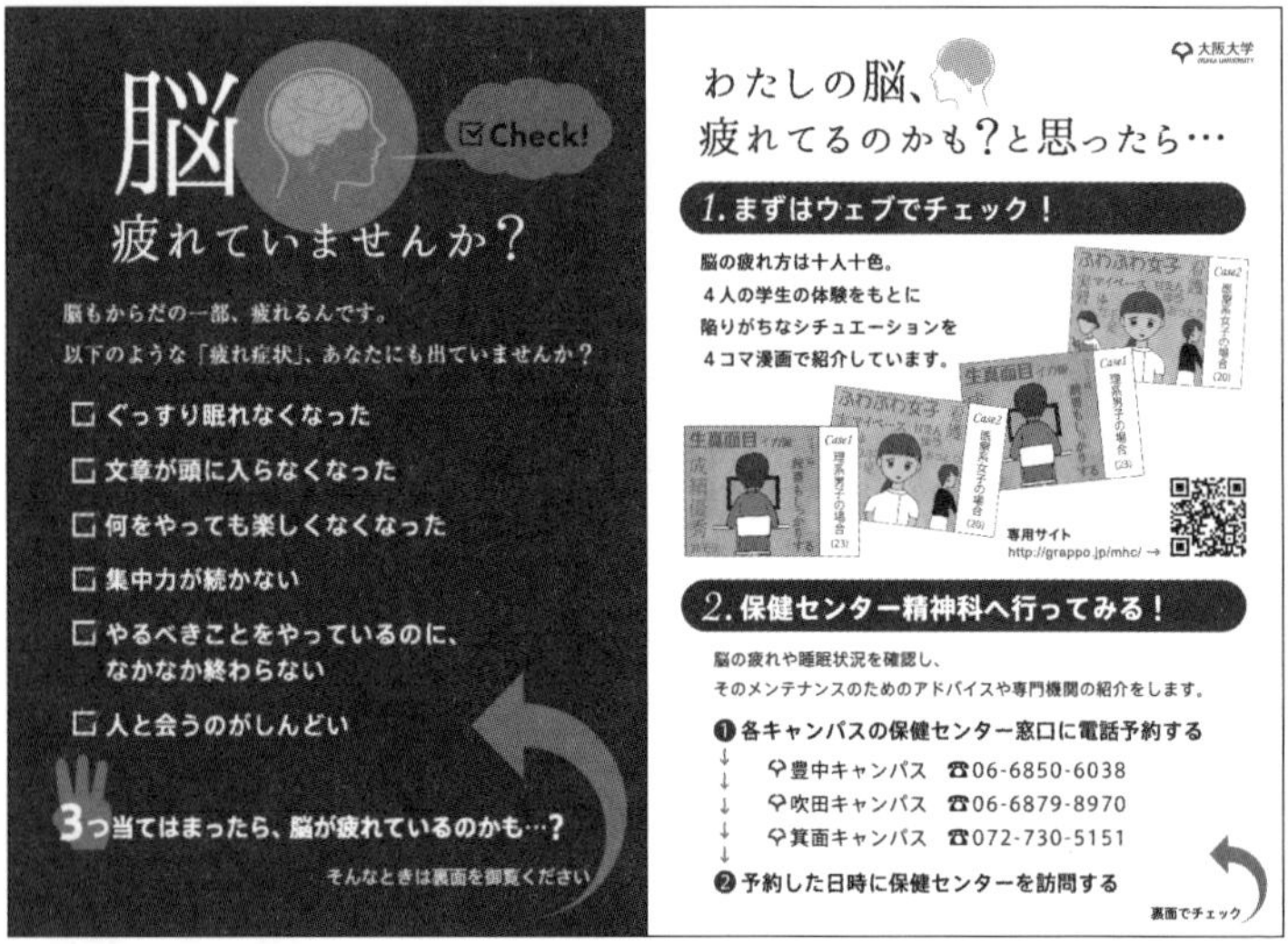

（出所）Hirai et al.（2022）.

リーフレットは、実際に保健センター精神科を利用したことがある大学院生を対象とした形成的調査[23]を行い、必要な記述や表現を作成していった。表には、「脳疲れていませんか？」というキャッチコピーと経験者が受診前に感じていた症状を6つ掲載した[24]。これらの症状は、うつ状態の評価で用いられるものであるが、いわゆるうつ気分に関するものは含まれず、うつ状態でも生じる認知機能の障害（文章が頭に入らない、集中力が続かない）に絞った項目で構成されている。裏面は、保健センター精神科窓口の利用のための実行意図の形成を目的とし、Webサイトを利用したセルフチェックへの誘導と、精神科窓口の利用の仕方として、

図14-2　脳疲労キャンペーンで使用したWebサイト

（出所）Hirai et al.（2022）.

電話予約の方法といった必要最低限の情報を記載した。一般的なメンタルヘルスに関するキャンペーンでは、うつ病やうつ状態についての説明を載せ、うつ病についての正しい知識に基づいた受診行動の喚起を意図するメッセージやデザインとなっているものが多い[25]が、本キャンペーンでは、あえて「うつ」や「うつ病」といった言葉を使わなかった。これは前述のようにメンタルヘルス不調に関しては、すでに様々なスティグマやステレオタイプがあり、特に近年は、「うつ」や「うつ病」という言葉が一般的に使われ、一つの病気として捉えられるようになってきたことで、早期の不調状態を示すものとしては利用しにくくなったためである。

脳疲労キャンペーンのWebサイトでは、リーフレットの内容に加えて、4種類の学生ペルソナを作成し、4コマ漫画で脳疲労が起きやすい状況を示し、自分の状態が脳疲労状態かもしれないことを理解できるようにした。6つの脳疲労を示す症状についてはチェックボックスを設置し、それに自分でチェックを入れて3つ以上当てはまった場合には受診するように呼びかけるという内容になっている。また、精神科の窓口については、コミットメントを高める第二の戦略に基づき、より実行意図が高まるようにキャンパスごとの保健センターの窓口の場所について外部地図サイトの地図を埋め込んで表示し、受診予約のための電話番号も記載した。

脳疲労キャンペーンの効果

キャンペーン前に実施した調査においては239名（有効回答率71・8％）、キャンペーン開始後

図14-3　脳疲労キャンペーン前後でのDUIの分布

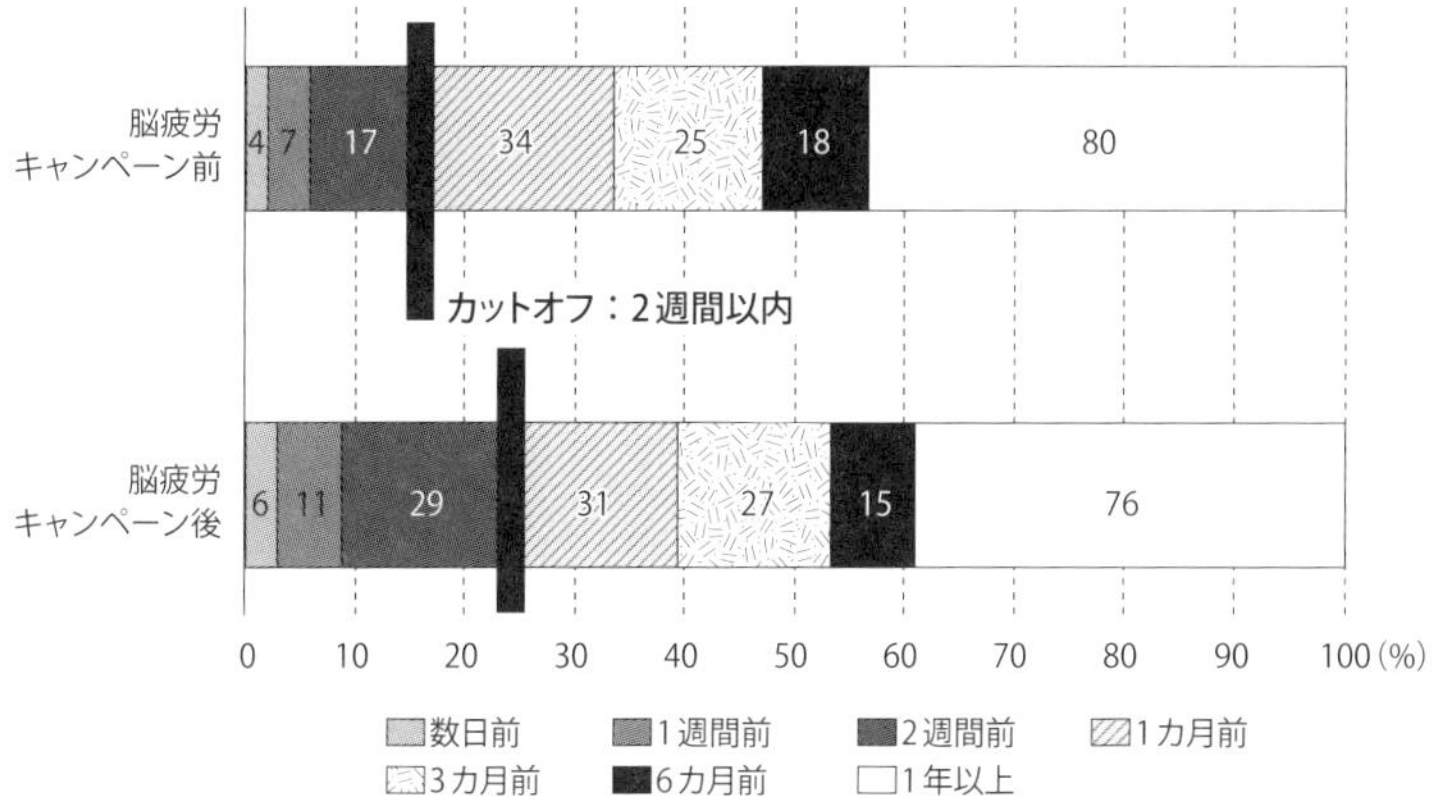

（出所）Hirai et al.（2022）.

は244名（有効回答率70・5％）から回答が得られ、このうち欠損値などがある回答を除くと、キャンペーン前185名、キャンペーン開始後195名の回答が解析の対象となった。DUIは、1週間以内、2週間以内、1カ月以内、3カ月以内、6カ月以内をカットオフ値（基準値）として、それ以下の人数とそれより上の人数の割合を従属変数とし、キャンペーンの有無を説明変数とするロジスティック回帰分析を行った。その結果、DUIのカットオフを2週間以内とした場合に、キャンペーン前の早期受診者が28名であったのに対して、キャンペーン後の早期受診者が46名となり、有意な影響が見られた（OR=.578, 95％ CI =.343-.972, p=.039）。さらに多変量解析の結果、うつ症状を主訴とした人に、早期受診者が多く、キャンペーン開始後はうつ症状を主訴とする早期受診者の割合が高くなっていることが明らかとなった。

これらの結果から、「脳疲労キャンペーン」は有効なメンタルヘルスプロモーションの可能性があることが示された。「脳疲労」というコンセプトの有効性については、他のコンセプトを用いたコントロール群を設定していないため明らかではないが、脳疲労キャンペーンが、不眠や集中力低下等の認知機能の障害に関連した症状を示し、キャンペーン開始後、うつ症状を受診時の主訴に訴える人が増加したことから、「脳疲労」というコンセプトの使用は有用であるといえると考えている。

6 メンタルヘルス専門家による面談のデフォルト化

公認心理師による新規入職者への全員面談の内容

現在バイアスによる先延ばしを防止するために、受診・受療のコミットメントを高める戦略のメンタルヘルスケアの専門機関の受診・受療や専門家への相談を原則必須のデフォルト化については、筆者の実践例を用いて解説する。

筆者は、ある地域の約400床の急性期病院において非常勤の公認心理師として勤務している。もともとの任務は緩和ケアにおける心理コンサルテーションであり、病棟スタッフから対応に困難を感じている事例について心理学の観点からの助言を行ったり、勉強会を開催したりしていた。2015年に院内で行った管理者向けのメンタルヘルス研修をきっかけに、いくつかの部署からスタッフのメンタルヘルス不調に関する相談が入るようになった。そこで2016年1月から「職員カウンセリング」という名称で職場のメンタルヘルス相談を受けることになった。当初は、相談の依頼がくる事例は、比較的重度のうつ状態やバーンアウトと呼ばれるような状態であった。近所で開業されている精神科医と連携し、受診をしてもらい休職となるケースも少なくなかった。

そこで、不調の早期に相談に来てもらうことを目的として、公認心理師との面談をデフォルト化できないかと考えた。最も公認心理師との全員面談を制度化しやすい属性について考えたところ、規範化しやすいのは入職時であったので、看護部に依頼して、新人看護師を対象とした全員面談を始めることになった。

面談は、脳疲労尺度と仕事場面での認知特性を評価する尺度[26]ならびに業務に関する達成度や課題についての本人と上司の評価を含む事前アンケートに基づき、15～20分で行われる。毎年、20～30人の入職者が対象となり、7～9月の期間に行われる。まずは、脳疲労尺度の得点を項目ごとに簡単にチェックし、疲労度が高い場合は、それがいつ頃から生じているか、原因は何かについて話を聴いていく。ある程度、脳疲労状態を作り出していると考えられる原因が分かれば、それに対する対策を提案している。例えば、仕事が定時で終わらない、指導者にうまく報告ができないということがあり指導者からきつい口調で指導され、それが怖くなって朝仕事に行こうとすると涙が出てくるといった場合がある。その場合、まずはどの業務にどれくらい時間がかかるかをストップウォッチで計測し、それをもとに業務計画を立てたり、ノートにToDoリストを作ったり、ノートを見返す癖をつけたりするように提案する。

脳疲労尺度は、2019年度から導入したが、それまでは面談の前半に、休日の過ごし方や家に帰ってからの疲労の度合いを確認していたもので、質問表を導入することでかなりの時間短縮が可能となった。脳疲労度が低い場合は、仕事のレベルアップをするためには、何が課題か、どういう職業人をめざしているか等について話を聞きながら、より仕事を効率的に進められるような助言をしている。

全員面談が終了した後に、所属部署の管理者と教育担当者を対象にフィードバックの面接を行っている。業務への適応に問題がある場合は、どのように育成していくかについてや、指導者とのマッチングの問題などについてコンサルテーションを行っている。かなり脳疲労度が高くフォローが必要であると判断した場合には、継続的な個別面談を提案して、フォローしている。さらに重症度が高いと判断された場合は、精神科・心療内科への受診勧奨や業務負担が軽減されるような調整（環境調整）を管理者に対して要請する。

2019年度からは、初期研修医を対象とした全員面談も行っている。1年目と2年目双方が対象となっており、1人の面談時間は30分である。基本的な内容は新人看護師と同様である。面談結果は、研修医の指導責任者へフィードバックを行っている。

全員面談の有効性

公認心理師による新規入職者への全員面談の効果については、本来は離職率について制度を導入する前後で比較する必要があるが、残念ながらこれを始める前のデータを取っておらず、それを実証的に検証することが難しい。よって、実践者としての印象からの評価となる。まずは、この仕組みを導入する前から、しばらくは前述のように重度のうつ状態やバーンアウトのような状態で、連携する精神科クリニックに紹介する事例が複数あったが、導入後、かかりつけ医や近所の病院を自ら受診する事例はあるが、公認心理師から精神科クリニックに直接、緊急で紹介を必要とする事例は少なくなっている。さらに、当初は、この全員面談自体が、重度のうつ状態やバーンアウトのような状態とならないようにするために脳疲労状態の軽減を目的としてスタートさせたが、現在は、業務の中での苦手の克服や調整が面談時の主な話し合いの内容になってきている。

これまでの経験からは、メンタルヘルスの不調の前段階には、脳疲労状態の蓄積があり、さらにその前段階には、職場の人間関係の問題があり、その前段階にはインシデント等業務上のエラーにつながる不適切な業務行動があり、さらにそれは業務に対する個人の能力、すなわちキャパシティのミスマッチがあると考えている。全員面談を始めてからは、これを徐々に順番を追いながら、対応するステージが変わってきており、現在では個人のキャパシティを扱う内容に変化してきている。

7 実践への示唆

本章で紹介したプロジェクトや実践からいえることは、メンタルヘルス不調者を早期にメンタルヘルスケアの専門家に相談させ、専門機関を受診・受療させるためには、それを個人の問題として捉えるのではなく、組織やコミュニティの問題として捉え、全体をカバーする行動変容の仕組み、ナッジを構築することが重要であるということだ。

まずは、第一の戦略として示した、受診・受療勧奨のメッセージとして、「脳疲労」のようなスティグマを生じさせないメッセージ、コンセプトを利用することである。「うつ」「うつ病」、あるいは「メンタルヘルス不調」という既存の心の問題に関するコンセプトを使うことは、すでに形成されたイメージ、すなわちスティグマを生じさせ、それに対する損失回避や、恐怖感情により生じる現在バイアスにより、受診を先延ばしさせると考えられる。そこで、「脳疲労キャンペーン」では、「脳疲労」という新しいコンセプトを使い、それらのスティグマを回避しつつ、より自分自身の感じる症状を具体的に示すことやペルソナの使用により自分自身の状態のモニタリングを促進しようとした。この「脳疲労」というコンセプトは、もともとは「心の問題」をリフレーミングしたものである。「心」という言葉は、非常に多義的であり、人によってイメージすることが異なったり、自分自身の存在や性格全般を含むものとして捉えられたりすることが多い。そこで、心の問題やストレスの問題であったとしても、その結果生じる「脳の不調」のみをフレームにすることで、他の身体疾患の捉え方と同様に、自分自身の存在とは切り離した、臓器の問題として捉えることができるようになる。臓器の問題であれば、調子を整えるために専門家に助言を求めたり、病院を受診したりすることは通常の健康行動の規範の範囲にすることができるからである。つまり、脳疲労という身体的不調をメタファーとすることで対処可能性を高めたり、医療機関を利用することの妥当性を高めたりすることが可能になったのではないかと考えられる。これにより、単に、メンタルヘルス不調のリスクを強調する恐怖訴求を行うだけではなく、リスクを伝えつつも解決可能性を伝えることで自律的な受診・受療行動が可能になると考えられる。

次に、第二の戦略のメンタルヘルスの専門家との全員面談をデフォルト化することである。これは、組織の規模にもよるが、何らかの節目（新卒採用時や入社5年目等）で、メンタルヘルスの専門家、もしくはそれと連携したトレーニングされた人事スタッフによる全員面談という形で実施することができる。一度、メンタルヘルスの専門家に会う機会を作ることで、その後不調になったときに、どこに相談に行くのか、どんな人と話をするのかについて具体的なイメージを持つことができ、実行意図を形成しやすくなる。また、「全員面談」は、まさにデフォルトであり、不調の有無にかかわらずメンタルヘルスの専門家に会うという規範の形成が可能となる。

メンタルヘルスケアの受療行動の適正化のためのナッジとして、「脳疲労」のようなフレームを使うことで既存のスティグマやステレオタイプ的な反応を回避し、適切な意思決定と行動変容を可能にすると考えられる。しかし、どのようなフレームが効果的であるかについては、ターゲットとなる行動や社会的規範によって変わってくるものであり、様々な調査や実践知の積み上げげの中から見つけることができるものである。より効率的、効果的なナッジを構築するためには、新しいコンセプトを実際に運用する中での知見の蓄積と、さらなる行動経済学的解析が必要である。

一方で、メンタルヘルスケアの全員面談のデフォルト化については、強力な方法であるが、それに対応するスタッフのマンパワーの問題と、組織ごとに制度として実装する必要があるため、大規模な介入として行うことが難しい。脳疲労キャンペーンのようなヘルスプロモーションキャンペーンとがん検診や特定健診のようなすでに行われている対策型の公衆衛生介入とを組み合わせるなどの実施上の工夫の可能性を検討していく必要がある。例えば、市町村単位で、脳疲労キャンペーンを行いかかりつけ医への相談を促しつつ、かかりつけ医と精神科・心療内科クリニックの連携体制を整備し、それと並行してがん検診受診時に保健師などから簡単なメンタルヘルスに関する面談をしてもらうというような仕組みが考えられる。

（平井　啓）

おわりに

２０１８年７月に『医療現場の行動経済学：すれ違う医者と患者』が出版されてから、私の人生は大幅に変わってしまった。多数の講演依頼を頂き、全国を飛び回る生活が始まった。講演で話を聞いてくれた方から、「本ではよく理解できなかったことが理解できました」と言ってもらうことがあり、とても嬉しく思った。一方で、本書の「はじめに」で大竹先生が書いているように、現場の臨床医の方から「ナッジを使うことは誘導になるのではないか？」という質問を頂くことが多々あり、そのような声に答えていくうちに、少しずつ何を伝えるべきかがまとまってきたことがこの続編の出版につながった。

一方でこの本の主要なテーマである「行動変容」が世間の注目を集めるキーワードとなってしまった。政府の新型コロナウイルス感染症対策分科会のメンバーとして、この難しい状況での「行動変容」に対する大きな期待と闘われた（？）大竹先生のご苦労は多大なものであったと思われる。

結果的に、このコロナ禍によって、行動経済学はさらに注目され、ソーシャルディスタンスを確保する足跡マークのようなナッジの設置が全国的に行われることになった。

このようなことも背景となり、『医療現場の行動経済学』の続編のテーマは、実践ということで「ナッジ」である。行動変容をアシストするのがナッジである。ナッジは、主に行動の環境に仕掛けを作ることで個人の行動を無意識的に調整する仕組み全般を指す言葉というのが一般的な理解であろう。そこで、自分自身の行動変容を行うために設計したナッジを一つご紹介する。

2020年5月のGW、新型コロナウイルス感染症が流行し、1回目の緊急事態宣言となり、予定していた沖縄旅行がキャンセルされ、ステイホームを余儀なくされていたところ、とりあえず近所の住宅地を妻と散歩をしていた。ここ数年、住んでいた家の老朽化が懸案であったが、『医療現場の行動経済学』ブームで、講演活動で全国を飛び回っており、それを考える余裕が全くなかったところ、コロナ禍で、それらが全てキャンセルとなった。散歩中に、最近建てられた新築の家や更地になって売られている土地などが目に入るようになり、「じゃあ家をなんとかしよう」という意思決定が行われた。

現状の家を建て替えるという案も当初あったが、駐車場の問題で近所に新たな土地を探し、新築で家を建てることになった。当時住んでいた家での長年の問題は、リビングとダイニングが散らかるという、我が家の行動の問題であった。これは、食事や団らん、さらにその後の仕事もダイニングで行うためダイニングテーブルが散らかり、リビングに隣接する和室に私の衣類の一部を置いていたため、それがリビングに侵食してくることが常態化していた（行動の観察：Behavior）。心理学・行動経済学の専門家として、これらの行動の問題の背景はもともとの性格傾向（せっかち&面倒くさがり）から来ているものであり、その変容は難しく、行動自体を変容させる環境構築をした方が効果的であるとアセスメントした（行動経済学的分析：Analysis）。そこで、1階の玄関からリビング・ダイニングまでの導線上に、クローゼットを配置し、リビングに隣接して書斎を設けるという戦略を考え（ナッジの戦略：Strategy）、新居の設計を担当する建築士さんにそれを伝え、家の設計をしてもらい、実際に2021年4月に新しい家が完成した（ナッジ介入：Intervention）。5月からこの家に住み始めたが、前の家での行動の問題はほぼ全て解決され、快適な生活を送ることができている（変化の測定：Change）。まさに自分自身に対してナッジを仕掛けるということになったのであるが、ポイントは特性を変容させることができるかのアセスメントであり、本人の能力や努力により変化が期待できる特性か、そうでないものであるかを見極める必要がある。この際、自分自身に関することなので、「ダニングクルーガー効果（能力の低い人が実際よりも自分を高く評価してしまう現象）」に注意しなければならない。本書を読み、他者の行動にナッジを仕掛けてみたいという人がおられると思うが、まずはこの例のように自分自身の行動を題材としたナッジ構築に取り組んでもらうことが、「ナッジ」の最もてっとりばやい実践的理解の方法であると思われる。

本書の内容をまとめるにあたり、貴重な議論の機会を作ることを支援していただいた大阪大学社会ソリューションイニシアティブ、出版の機会を与えていただいた東洋経済新報社、ならびに前回に続き編集へのヘルプを頂いた小土井奈津紀さんには大変感謝している。

平井　啓

索引

A～Z

ア行

カ行

サ行

タ行

ナ行

ハ行

マ行

ヤ行・ラ行・ワ行

注・参考文献

第2章

(1)　行動経済学とナッジについての解説は，『医療現場の行動経済学：すれ違う医者と患者』の第2章に詳しく書かれているので，そちらをお読みいただきたい．

第3章

(1)　Thaler R, Sunstein C. Nudge: Improving decisions about health, wealth, and happiness. London: Yale University Press; 2008.

(2)　Sharot T, Velasquez CM, Dolan RJ, et al. Do decisions shape preferences? Evidence from blind choice, PSYCHOL. SCI. 2010; 21(9): 1231–1235.

(3)　Degner LF, Kristjanson LJ, Bowman D, et al. Information needs and decisional preferences in women with breast cancer. JAMA. 1997; 277(18): 1485–1492.

第4章

(1)　Bavel JJV, Baicker K, Boggio PS, et al. Using social and behavioural science to support COVID-19 pandemic response. Nat Hum Behav. 2020; 4(5): 460–471.

(2)　Sasaki S, Kurokawa H, Ohtake F. Effective but fragile?: Responses to repeated nudge-based messages for preventing the spread of COVID-19 infection. Jpn Econ Rev(Oxf). 2021; 72(3): 371–408.

(3)　大竹文雄，坂田桐子，松尾佑太．豪雨災害時の早期避難促進ナッジ．行動経済学．2020; 13: 71–93.

(4)　佐々木周作，齋藤智也，大竹文雄．ワクチン接種意向の状況依存性：新型コロナウイルス感染症ワクチンに対する支払意思額の特徴とその政策的含意．RIETI DP. 2021: 21–J–007.
佐々木周作，齋藤智也，大竹文雄．ワクチン接種の後押し：自律的な意思決定を阻害しないナッジ・メッセージを目指して．RIETI DP. 2021: 21–J–023.

(5)　Tanaka T, Nihonsugi T, Ohtake F, Haruno M. Age-and gender-dependent differences in attitudes towards COVID-19 vaccination and underlying psychological

processes. medRxiv. 2021.

第5章

(1) Pittet D, Boyce JM. Hand hygiene and patient care: Pursuing the Semmelweis legacy. Lancet Infect Dis. 2001; 1: 9–20.
(2) Dunn PM. Oliver Wendell Holmes (1809–1894) and his essay on puerperal fever. Arch Dis Child Fetal Neonatal Ed. 2007; 92(4): F325–F327.
(3) 同上.
(4) First, wash your hands: Biomedicine: Smart antiseptic dispensers promise to save lives by subtly encouraging medical staff to wash their hands more often. Econ (United Kingdom). 2013; 408.
(5) Price PB. The bacteriology of normal skin: A new quantitative test applied to a study of the bacterial flora and the disinfectant action of mechanical cleansing. J Infect Dis. 1938; 63(3): 301–318.
(6) Montes LF, Wilborn WH. Location of bacterial skin flora. Br J Dermatol. 1969; 81(S1): 23–26.
(7) Mortimer Jr EA, Lipsitz PJ, Wolinsky E, et al. Transmission of staphylococci between newborns: Importance of the hands of personnel. Am J Dis Child. 1962; 104(3): 289–295.
(8) Pittet D, Hugonnet S, Harbarth S, et al. Effectiveness of a hospital-wide programme to improve compliance with hand hygiene: Infection control programme. Lancet. 2000; 356(9238): 1307–1312.
(9) Conly JM, Hill S, Ross J, et al. Handwashing practices in an intensive care unit: The effects of an educational program and its relationship to infection rates. Am J Infect Control. 1989; 17(6): 330–339.
(10) WHO. WHO guidelines on hand hygiene in health care: First global patient safety challenge clean care is safer care. 2009.
(11) 加藤豊範．手指衛生遵守率向上のための組織的な取り組みとその評価．日本環境感染学会誌．2015; 30(4): 274–280.
(12) 森山由紀，小林寛伊，菅原えりさ．ビデオカメラによる手指衛生遵守率の評価に関する検討．医療関連感染．2014; 7(1): 24–31.
(13) 青木雅子，北川洋子．NICUにおける手指衛生遵守率向上に向けて：ビデオ

を使用した手指衛生の適切なタイミングの評価．日本環境感染学会誌．2013; 28(2): 97–100.
(14) リチャード・セイラー，キャス・サンスティーン．実践 行動経済学：健康，富，幸福への聡明な選択．遠藤真美訳．東京：日経BP社；2009.
(15) 「ナッジの分類」
第3章にならい，本章でもナッジを選択促進型と熟慮支援型の2類型に大別する．本章におけるこれらの用語は，行為者がその行動を取ることにどこまで自覚的であるのかという点に注目して使い分けている．すなわち，本来の行動の意味や効果について無自覚なまま「ついやってしまう」ように促すものを選択促進型と呼び，逆に行為者にその行動を取るということをより意識させるように促すものを熟慮支援型と呼ぶ．

第6章

(1) WHO. Launch of the global strategy to accelerate the elimination of cervical cancer.
https://www.who.int/news-room/events/detail/2020/11/17/default-calendar/launch-of-the-global-strategy-to-accelerate-the-elimination-of-cervical-cancer
(2) Yagi A, Ueda Y, Kakuda M, et al. Epidemiologic and clinical analysis of cervical cancer using data from the population-based Osaka Cancer Registry. Cancer Res. 2019; 79(6): 1252–1259.
(3) Hall MT, Simms KT, Lew JB, et al. The projected timeframe until cervical cancer elimination in Australia: A modelling study. Lancet Public Health. 2019; 4(1): e19–e27.
(4) Nakagawa S, Ueda Y, Yagi A, et al. Corrected human papillomavirus vaccination rates for each birth fiscal year in Japan. Cancer Sci. 2020; 111(6): 2156–2162.
(5) Lei J, Ploner A, Elfström KM, et al. HPV vaccination and the risk of invasive cervical cancer. N Engl J Med. 2020; 383(14): 1340–1348.
(6) 注(1)を参照．
(7) 注(4)を参照．
(8) Ikeda S, Ueda Y, Yagi A, et al. HPV vaccination in Japan: What is happening in Japan? Expert Rev Vaccines. 2019; 18(4): 323–325.
(9) Egawa-Takata T, Ueda Y, Morimoto A, et al. Survey of Japanese mothers of

daughters eligible for human papillomavirus vaccination on attitudes about media reports of adverse events and the suspension of governmental recommendation for vaccination. J Obstet Gynaecol Res. 2015; 41(12): 1965–1971.
(10) Yagi A, Ueda Y, Egawa-Takata T, et al. Development of an efficient strategy to improve HPV immunization coverage in Japan. BMC Public Health. 2016; 16(1): 1013.
(11) Yagi A, Ueda Y, Tanaka Y, et al. Time-dependent changes of the intention of mothers in Japan to inoculate their daughters with the HPV vaccine after suspension of governmental recommendation. Hum Vaccin Immunother. 2018; 14(10): 2497–2502.
(12) Yagi A, Ueda Y, Masuda T, et al. Japanese mothers' intention to HPV vaccinate their daughters: How has it changed over time because of the prolonged suspension of the governmental recommendation? Vaccines (Basel). 2020; 8(3): 502.
(13) Yagi A, Ueda Y, Kimura T. A behavioral economics approach to the failed HPV vaccination program in Japan. Vaccine. 2017; 35(50): 6931–6933.
(14) Miyoshi A, Ueda Y, Kimura T. Contemplating HPV vaccination in Japan during the time of COVID-19. Hum Vaccin Immunother. 2021; 17(3): 836–837.
(15) Wim DN. (Ed.). Dual process theory 2.0.(pp. 1–168). Taylor & Francis Group: Routledge; 2018.
(16) Ueda Y, Yagi A, Abe H et al. The last strategy for re-dissemination of HPV vaccination in Japan while still under the suspension of the governmental recommendation. Sci Rep. 2020; 10(1): 16091.
(17) 注 (12) を参照.
(18) エベレット・M・ロジャーズ．イノベーション普及学．青池愼一，宇野善康監訳．東京：産能大学出版部；1990.
(19) ジェフリー・ムーア．キャズム：新商品をブレイクさせる「超」マーケティング理論 Ver. 2 増補改訂版．川又政治訳．東京：翔泳社；2014.
(20) 注 (10) を参照.
(21) Ueda Y, Katayama K, Yagi A, Kimura T. The chasm we must cross in Japan for re-promotion of the HPV vaccine. Cancer Prev Res(Phila). 2021; 14(7): 683–686.

(22) 注 (12) を参照.
(23) Ugumori N, Ueda Y, Yagi A, et al. A potential means to help the HPV vaccine penetrate the Japanese public while under the continued suspension of governmental recommendation. Hum Vaccin Immunother. 2021; 17(9): 3096–3101.

第7章

(1) 江口有一郎．肝がん予防のための肝炎ウイルス検査：佐賀県肝炎ウイルスキャンペーン．医療現場の行動経済学：すれ違う医者と患者．東京：東洋経済新報社；2018.
(2) https://www.mhlw.go.jp/bunya/kenkou/kekkaku-kansenshou09/hourei.html
(3) 他の人たちと同じ課題を抱えているにもかかわらず, その課題をよりうまく解決する人を対象として, その要因を明らかにするアプローチ. Pascale R, Sternin J, Sternin M. The power of positive deviance: How unlikely innovators solve the world's toughest problems. Boston: Harvard Business Review Press; 2010.
(4) 厚生労働科学研究費補助金肝炎等克服政策研究事業．効率的な肝炎ウイルス検査陽性者フォローアップシステムの構築のための研究．(研究代表者：是永匡紹 国立国際医療研究センター)
(5) 大竹文雄, 平井啓編著. 医療現場の行動経済学：すれ違う医者と患者．東京：東洋経済新報社；2018.
(6) https://www.ganportal-saga.jp/liver/
(7) http://www.kanen.ncgm.go.jp/archive/20191025144645.html
http://www.kanen.ncgm.go.jp/archive/20210312163710.html
(8) https://kan-co.net
(9) https://kan-co.net/potal/#case

第8章

(1) 厚生労働省．平成24年 労働者健康状況調査.
https://www.mhlw.go.jp/toukei/list/h24-46-50.html
(2) 厚生労働省．2018年度 特定健康診査・特定保健指導の実施状況.
https://www.mhlw.go.jp/stf/seisakunitsuite/bunya/0000173202_00006.html より市町村国保および横浜市国保の特定健診受診率を抜粋.

(3) 本章での費用は受診勧奨に係る費用を指し，健診受診による将来的な医療費削減等の議論には言及しないことに注意されたい．

(4) 紙面の関係上，横浜市の事例に関するもののみを例示するが，他にも多くの要因が考えられる．

(5) 「リスク選好」や「損失回避」といった概念を用いての健康行動や受診行動の説明が豊富な先行研究とともにまとめられている文献として，佐々木周作，大竹文雄．行動経済学の枠組み．医療現場の行動経済学：すれ違う医者と患者．東京：東洋経済新報社；2018．依田高典，岡田克彦編著．行動経済学の現在と未来．東京：日本評論社；2019．等が挙げられる．

(6) 首相官邸．デジタル社会の実現に向けた改革の基本方針．
https://www.kantei.go.jp/jp/singi/it2/dgov/201225/siryou1.pdf

(7) 総務省．自治体デジタル・トランスフォーメーション（DX）推進計画．
https://www.soumu.go.jp/main_content/000726905.pdf

(8) 厚生労働省．2019年度 特定健康診査・特定保健指導の実施状況．
https://www.mhlw.go.jp/stf/seisakunitsuite/bunya/0000173202_00008.html より横浜市国保の特定健診対象者数を抜粋．

(9) The behavioural insights team. EAST: Four simple ways to apply behavioural insights.
https://www.bi.team/wp-content/uploads/2015/07/BIT-Publication-EAST_FA_WEB.pdf

(10) 国からは，特定健診受診率の向上を求められており，保険者努力支援制度でも，受診率は状況次第で減点対象になっている．これらの点を，受診率を向上させる工夫が各自治体で求められていると解釈し，「国からの指導」と表現した．

(11) 本事例においては，メッセージ内のURLからネット予約をできるようにするところまでは行っていないが，ネット予約を可能にすることで，よりコミットメントしやすくなると考えられる．

(12) 例えば「損失回避」を利用する場合，「健診を受けないと将来生活習慣病になるリスクが高まります」等のメッセージが考えられるが，このような健康被害を訴えるメッセージは受け手に精神的な負荷が発生するため，自治体では利用が難しいこと等が挙げられる．

(13) ここでは，過去3年間一度も特定健診を受診していない人と定義．なお，

SMSの送信には電話番号が必要であるため，電話番号が登録されている被保険者にのみ送信を行った.
(14) ここでは，有意水準5%（以下）で有意なものを「統計的に有意」と記載する.
(15) タイムリーのメッセージをSMSで2度送信した．また，他と同様にSMS発送の前に1度はがきを送付している.
(16) SMS2回群とはがき2回群については，マッチング法により両群137名の比較を実施.

第9章

(1) 日本臓器移植ネットワーク．脳死下臓器提供件数の推移と意思表示.
https://www.jotnw.or.jp/explanation/07/07/
(2) Johnson EJ, Goldstein D. Medicine. Do defauls save lives? Science. 2003; 302 (5649): 1338–1339.
(3) 同上.
(4) 第2章参照.
(5) オランダは，2020年からオプトアウトに移行した.
https://www.cnn.co.jp/world/35114747.html
(6) 日本臓器移植ネットワーク．臓器を提供する意思・しない意思.
https://www.jotnw.or.jp/explanation/07/08/
(7) The behavioural insights team. Applying behavioural insights to organ donation: preliminary results from a randomised controlled trial. https://www.bi.team/wp-content/uploads/2015/07/Applying_Behavioural_Insights_to_Organ_Donation_report.pdf
(8) 厚生労働科学研究費補助金難治性疾患等政策研究事業．「ソーシャルマーケティング手法を用いた心停止下臓器提供や小児の臓器提供を含む臓器提供の選択肢呈示を行う際の理想的な対応のあり方の確立に関する研究」平成28～30年度.
https://mhlw-grants.niph.go.jp/project/27234/
(9) Hirai K, Ohtake F, Kudo T, et al. Effect of different types of messages on readiness to indicate willingness to register for organ donation during driver's license renewal in Japan. Transplantation. 2020; 104(12) : 2591–2598.
(10) Hallsworth M, List J, Metcalfe R, et al. The behavioralist as tax collector: Using

natural field experiments to enhance tax compliance, NBER working paper series, https://www.nber.org/system/files/working_papers/w20007/w20007.pdf

(11) 大竹文雄，佐々木周作，平井啓，工藤直志．臓器提供の意思表示に関する介入研究：プログレスレポート．行動経済学会．2018.
http://www.abef.jp/conf/2018/common/doc/oral/B1_PR0006.pdf

(12) 厚生労働科学研究費補助金難治性疾患等政策研究事業.「ソーシャルマーケティング手法を用いた心停止下臓器提供や小児の臓器提供を含む臓器提供の選択肢呈示を行う際の理想的な対応のあり方の確立に関する研究」報告書.
https://mhlw-grants.niph.go.jp/system/files/2017/172053/201713003A_upload/201713003A0009.pdf

(13) 同上.
https://mhlw-grants.niph.go.jp/system/files/2018/182053/201813002A_upload/201813002A0012.pdf

第10章

(1) Sudore RL, Lum HD, You JJ, et al. Defining advance care planning for adults: A consensus definition from a multidisciplinary delphi panel. J Pain Symptom Manage. 2017; 53(5): 821–832. e1.

(2) Rietjens JAC, Sudore RL, Connolly M, et al. Definition and recommendations for advance care planning: An international consensus supported by the European Association for palliative care. Lancet Oncol. 2017; 18(9): e543–e551.

(3) EASTとはEasy（簡潔に），Attractive（魅力的に），Social（社会規範的に），Timely（タイムリーに）の頭文字．英国ナッジユニットが，政府や自治体等と連携してナッジを実践する中で，特に有用なナッジのポイントを4つの要素に整理したものである.

(4) BASICは行動経済学を活用した政策を作成する際に利用しているフレームワークの一つで,「背景：問題となっている行動：Behavior」「想定した行動経済学的メカニズム：Analysis」「戦略（ナッジを考える）：Strategy」「戦術・介入：Intervention」「結果：Change」の頭文字である.

(5) Fried TR, O'Leary J, Ness PV, et al. Inconsistency over time in the preferences of older persons with advanced illness for life-sustaining treatment. J Am Geriatr

Soc. 2007; 55(7): 1007–1014.
(6) Halpern J, Arnold RM. Affective forecasting: An unrecognized challenge in making serious health decisions. J Gen Intern Med. 2008; 23(10): 1708–1712.
(7) Loewenstein G. Hot-cold empathy gaps and medical decision making. Health Psychol. 2005; 24(4S): S49–S56.
(8) Earle CC, Neville BA, Landrum MB, et al. Trends in the aggressiveness of cancer care near the end of life. J Clin Oncol. 2004; 22(2): 315–321.
(9) Zafar SY, Malin JL, Grambow SC, et al. Chemotherapy use and patient treatment preferences in advanced colorectal cancer: A prospective cohort study. Cancer. 2013; 119(4): 854–862.
(10) The AM, Hak T, Koëter G, et al. Collusion in doctor-patient communication about imminent death: An ethnographic study. BMJ. 2000; 321(7273): 1376–1381.
(11) Di Giuseppe M, Ciacchini R, Micheloni T, et al. Defense mechanisms in cancer patients: A systematic review. J Psychosom Res. 2018; 115: 76–86.
(12) Back AL, Arnold RM, Quill TE. Hope for the best, and prepare for the worst. Ann Intern Med. 2003; 138(5): 439–443.
(13) 厚生労働省.「人生会議」してみませんか.
https://www.mhlw.go.jp/stf/newpage_02783.html
(14) Paladino J, Bernacki R, Neville BA, et al. Evaluating an intervention to improve communication between oncology clinicians and patients with life-limiting cancer: A cluster randomized clinical trial of the serious illness care program. JAMA Oncol. 2019; 5(6): 801–809.
(15) Licqurish SM, Cook OY, Pattuwage LP, et al. Tools to facilitate communication during physician-patient consultations in cancer care: An overview of systematic reviews. CA Cancer J Clin. 2019; 69(6): 497–520.
(16) 厚生労働省. B緩和ケアスクリーニングの運用事例 九州がんセンター：がん専門病院の事例.
https://www.mhlw.go.jp/file/06-Seisakujouhou-10900000-Kenkoukyoku/0000122405.pdf
中外製薬. 独立行政法人国立病院機構 九州がんセンターの取り組み.
https://chugai-pharm.jp/contents/bj/003/04/03/

(17) 大谷弘行．厚生労働科学研究費補助金研究事業（平成27～29年度）「汎用性のある系統的な苦痛のスクリーニング手法の確立とスクリーニング結果に基づいたトリアージ体制の構築と普及に関する研究」研究分担報告書．2016.

(18) Miyashita M, Kawakami S, Kato D, et al. The importance of good death components among cancer patients, the general population, oncologists, and oncology nurses in Japan: Patients prefer "fighting against cancer". Support Care Cancer. 2015; 23(1): 103–110.

第11章

(1) ステロイド外用剤の不適切な使用により起きる皮膚炎．主に顔にランクの強いステロイド外用剤を長期に使用することで赤みや痒みが出現する．

(2) https://www.dermatol.or.jp/uploads/uploads/files/guideline/atopic_GL2018.pdf

(3) Nyhan B, Reifler J. When corrections fail: The persistence of political misperceptions. Political Behavior. 2010; 32(2): 303–330.

(4) 第1章を参照．

(5) 第1章を参照．

(6) 第1章を参照．

(7) TARC: Thymus and Activation-Regulated Chemokineの略．皮膚の表皮細胞等で産生されるサイトカインの一種．アトピー性皮膚炎の重症度と相関する．TARCは保険診療で採血検査が可能．

(8) POEM: Patient-Oriented Eczema Measureの略．アトピー性皮膚炎の症状評価に行うツールの一つ．自己評価として世界的に活用され，アトピー性皮膚炎の重症度分類に用いられる．

(9) Martin SJ, Bassi S, Dunbar-Rees R. Commitments, norms and custard creams-a social influence approach to reducing did not attends (DNAs). J R Soc Med. 2012; 105(3): 101–104.

(10) FTU: Finger Tip Unitの略．外用剤の塗る際の軟膏量の目安．人差し指の第一関節まで絞り出したチューブの量が，手のひら2枚分に塗る量として1FTUと計算する．

(11) アトピー性皮膚炎におけるステロイド外用剤を含む治療薬の塗り方に関する方法．症状悪化時にランクの強いステロイドを連日外用し，症状が改善

した後はランクを落とし外用の間隔をあけて治療を継続する．見た目に湿疹が治まったように見えても，皮下には炎症が残っている場合が多いためプロアクティブ療法を行うことでアトピー性皮膚炎の再燃を防ぐ．

第12章

(1) Hunter DJ, Reddy KS. Noncommunicable diseases. N Engl J Med. 2013; 369(14): 1336–1343.

(2) 厚生労働省健康局配布資料．WHO NCDs Global Action Planについて．https://www.mhlw.go.jp/file/05-Shingikai-12205250-Shakaiengokyokushougaihokenfukushibu-Kokoronokenkoushienshitsu/s_39.pdf.

(3) 平成25年度「健康日本21（第二次）の推進に関する研究」班．健康日本21（第二次）に関する健康意識・認知度調査．

(4) Bully P, Sánchez Á, Zabaleta-del-Olmo E, et al. Evidence from interventions based on theoretical models for lifestyle modification (physical activity, diet, alcohol and tobacco use) in primary care settings: A systematic review. Prev Med. 2015; 76(S): S76–S93.

(5) Ogdie A, Asch DA. Changing health behaviours in rheumatology: An introduction to behavioural economics. Nat Rev Rheumatol. 2020; 16(1): 53–60.

(6) Volpp KG, John LK, Troxel AB, et al. Financial incentive-based approaches for weight loss: A randomized trial. JAMA. 2008; 300(22): 2631–2637.

(7) Patel MS, Volpp KG, Rosin R, et al. A randomized, controlled trial of lottery-based financial incentives to increase physical activity among overweight and obese adults. Am J Health Promot. 2018; 32(7): 1568–1575.

(8) Patel MS, Asch DA, Rosin R, et al. Framing financial incentives to increase physical activity among overweight and obese adults: A randomized, controlled trial. Ann Intern Med. 2016; 164(6): 385–394.

(9) Kullgren JT, Troxel AB, Loewenstein G, et al. Individual-versus group-based financial incentives for weight loss: A randomized, controlled trial. Ann Intern Med. 2013; 158(7): 505–514.

(10) Manz CR, Parikh RB, Small DS, et al. Effect of integrating machine learning mortality estimates with behavioral nudges to clinicians on serious illness conversations among patients with cancer: A stepped-wedge cluster randomized

clinical trial. JAMA Oncol. 2020; 6(12): e204759.

(11) Patel MS, Kurtzman GW, Kannan S, et al. Effect of an automated patient dashboard using active choice and peer comparison performance feedback to physicians on statin prescribing: The PRESCRIBE cluster randomized clinical trial. JAMA Netw Open. 2018; 1(3): e180818.

(12) Keller PA, Harlam B, Loewenstein G, Volpp KG. Enhanced active choice: A new method to motivate behavior change. J Consum Psychol. 2011; 21(4): 376–383.

第13章

(1) D.カーネマン．ファスト＆スロー：あなたの意思はどのように決まるか．村井章子訳．東京：早川書房；2012.

(2) 本宮圭，小池智子．医療安全対策×ナッジ．医療・介護勤務環境改善ナッジ研究会（第1回）. 2019.

(3) 河野龍太郎．医療現場のヒューマンエラー対策ブック：人間の行動モデルをベースとしたヒューマンエラー対策シート．東京：日本能率協会マネジメントセンター．2018.

(4) Drew T, Vo LM, Wolfe JM. The invisible gorilla strikes again: sustained inattentional blindness in expert observers. Psychol Sci. 2013; 24(9): 1848–1853.

(5) 小窪輝吉．集団作業条件がパフォーマンスに及ぼす影響について：社会的手抜きに関する実験研究．地域総合研究．1989; 17(2), 95–105.

(6) 島倉大輔，田中健次．人間による防護の多重化の有効性，品質．2003; 33(3), 104–112.

(7) 医療機能評価機構．医療事故情報収集等事業：第63回報告書（2020年7月～9月）. http://www.med-safe.jp/pdf/report_63.pdf（2020/01/14アクセス）

(8) 渡辺穂香，小池智子．内服投与事故のプロセス分析および解決策の分析．慶應義塾大学湘南藤沢学会．学術交流大会2020春季大会（第19回大会）. 2021.

(9) The Behavioural Insights Team. EAST: Four simple ways to apply behavioural insights.

第14章

(1) Oguchi Y, Nakagawa A, Sado M, et al. Potential predictors of delay in initial treatment contact after the first onset of depression in Japan: A clinical sample study. Int J Ment Health Syst. 2014; 8(1): 50.

(2) 厚生労働省．令和2年「労働安全衛生調査（実態調査）」結果の概要：事業所調査．2021.
https://www.mhlw.go.jp/toukei/list/dl/r02-46-50_kekka-gaiyo01.pdf

(3) 川上憲人．精神疾患の有病率等に関する大規模疫学調査研究：世界精神保健日本調査セカンド．厚生労働科学研究費補助金障害者対策総合研究事業総合研究報告書．2016.

(4) Shimizu K, Akechi T, Okamura M, et al. Usefulness of the nurse-assisted screening and psychiatric referral program. Cancer. 2005; 103(1): 1949–1956.

(5) 岩崎明夫．労働衛生対策の基本(19)：ストレスチェックの現状とその対策．産業保健21．2019; 95: 12–15.
https://www.johas.go.jp/Portals/0/data0/sanpo/sanpo21/sarchpdf/95_p12-15.pdf

(6) 注 (1) を参照.

(7) 小池春妙，伊藤義美．メンタルヘルス・リテラシーに関する情報提供が精神科受診意図に与える影響．カウンセリング研究．2012; 45(3): 155–164.

(8) 中村菜々子，久田満．企業の従業員におけるメンタルヘルス・リテラシー：うつ症状に関する知識と対処行動の実行可能性を中心に．コミュニティ心理学研究．2008; 12(1): 23–34.

(9) Jorm AF, Korten AE, Jacomb PA, et al. “Mental health literacy”: A survey of the public’s ability torecognise mental disorders and their beliefs about the effectiveness of treatment. Med J Aus. 1997; 166(4): 182–186.

(10) Jorm AF. Mental health literacy: Public knowledge and beliefs about mental disorders. Br J Psychiatry. 2000; 177(5): 396–401.

(11) Gulliver A, Griffiths KM, Christensen H, Brewer JL. A systematic review of help-seeking interventions for depression, anxiety and general psychological distress. BMC Psychiatry. 2012; 12: 81.

(12) 平井啓，谷向仁，中村菜々子他．メンタルヘルスケアに関する行動特徴とそれに対応する受療促進コンテンツ開発の試み．心理学研究．2019; 90(1): 63–71.

(13) 山田真希子，須原哲也．うつ病症候に関わる認知バイアスの脳機能ネットワークと神経伝達．日本生物学的精神医学会誌．2017; 28(4): 191–195.
https://www.jstage.jst.go.jp/article/jsbpjjpp/28/4/28_191/_pdf/-char/ja

(14) Brown S, Locker E. Defensive responses to an emotive anti-alcohol message. Psychol Health. 2009; 24(5): 517–528.

(15) Abraham C & Kools M. 竹中晃二，上地広昭（監訳）．行動変容を促すヘルス・コミュニケーション．北大路書房．2018.

(16) Rimal RN, Adkins AD. Using computers to narrowcast health messages: The role of audience segmentation, targeting, and tailoring in health promotion. In Thompson TL, Dorsey AM, Miller KI, Parrott R. (Eds.). Handbook of Health Communication (pp. 497–513). Mahwah NJ: Lawrence Erlbaum Associates; 2003.

(17) 平井啓，足立浩祥，原田恵理，藤野遼平．高ストレス状態の測定ツールとしての認知機能アセスメント尺度の開発．労災疾病臨床研究事業費補助金「治療と職業生活の両立におけるストレスマネジメントに関する研究」平成30年度 総括・分担研究報告書．2019: 31–36.
https://www.mhlw.go.jp/content/000615099.pdf

(18) 脳疲労尺度は，「役割遂行機能低下」，「社会・日常機能低下」，「睡眠不全」，「不適応認知・行動反応」の4因子からなる尺度である．60点満点で採点され，21点以上がストレスチェック制度の高ストレス者判定と，25点以上がうつ状態の尺度であるQIDS-Jの高度うつ状態と対応している．
足立浩祥．脳疲労尺度の妥当性と利用方法の検討．令和元年度 労災疾病臨床研究事業費補助金「治療と職業生活の両立におけるストレスマネジメントに関する研究」分担研究報告書．2021: 74–77.

(19) Ishikawa Y, Hirai K, Saito H, et al. Cost-effectiveness of a tailored intervention designed to increase breast cancer screening among a non-adherent population: A randomized controlled trial. BMC Public Health. 2012; 12: 760.

(20) Hirai K, Ishikawa Y, Fukuyoshi J, et al. Tailored message interventions versus typical messages for increasing participation in colorectal cancer screening among a non-adherent population: A randomized controlled trial. BMC Public Health. 2016; 16: 431.

(21) 平井啓，中村菜々子，佐々木淳他．メンタルヘルス受療行動・提供機関に

対するイメージとその変化に関する研究．日本行動医学会 第21回学術総会発表論文集．2014; 21: 71.

(22) Hirai, K., Adachi, H., Yamamura, A., et al. Effects of Cognition-focused Mental Health Campaign on University Student, (2022, February 18). https://doi.org/10.31234/osf.io/43ztw

(23) 形成的調査（formative research）とは，広報物などのデザインやメッセージを開発する際に対象者にインタビューを行い，その反応や意見を参考にする方法である．

(24) 精神科医・公認心理師が主にうつ状態の評価に用いる項目の中から項目案を作成し，メンタルヘルス不調経験者へのインタビューにより選んだ．6項目は，「ぐっすり眠れなくなった」「文章が頭に入らなくなった」「何をやっても楽しくなくなった」「集中力が続かない」「やるべきことをやっているのに，なかなか終わらない」「人と会うのがしんどい」であった．

(25) 例えば，厚生労働省Webサイト「こころの耳：ご存知ですかうつ病とは？」https://kokoro.mhlw.go.jp/about-depression/ad001/

(26) 村中直人．認知行動特性尺度の妥当性再検討に関する研究：認知特性との関連性検討．令和元年度 労災疾病臨床研究事業費補助金「治療と職業生活の両立におけるストレスマネジメントに関する研究」分担研究報告書．2021: 68–69.

執筆者一覧

大竹文雄（大阪大学感染症総合教育研究拠点）編著者　はじめに、第2・4章

平井　啓（大阪大学大学院人間科学研究科）編著者　第9・14章、おわりに

上田　豊（大阪大学大学院医学系研究科産科学婦人科学）第6章

江口有一郎（ロコメディカル総合研究所）第7章

大谷弘行（聖マリア病院／九州がんセンター）第10章

大塚篤司（近畿大学医学部）第11章

柏原宗一郎（キャンサースキャン）第8章

小池智子（慶應義塾大学看護医療学部）第13章

多田羅竜平（大阪市立総合医療センター）第3章

堀　謙輔（関西労災病院）第1章

水野　篤（聖路加国際病院）第12章

森井大一（日本医師会総合政策研究機構）第5章

八木麻未（大阪大学大学院医学系研究科産科学婦人科学）第6章

吉田沙蘭（東北大学大学院教育学研究科）第1章

【編著者紹介】
大竹文雄（おおたけ　ふみお）
1961年京都府生まれ。1983年京都大学経済学部卒業、1985年大阪大学大学院経済学研究科博士前期課程修了。1985年大阪大学経済学部助手、同社会経済研究所教授、同大学院経済学研究科教授などを経て、2021年より大阪大学感染症総合教育研究拠点特任教授。博士(経済学)。専門は行動経済学、労働経済学。2005年日経・経済図書文化賞、2005年サントリー学芸賞、2006年エコノミスト賞(『日本の不平等』日本経済新聞社)受賞。2006年日本経済学会・石川賞、2008年日本学士院賞受賞。

平井　啓（ひらい　けい）
1972年山口県生まれ。1997年大阪大学大学院人間科学研究科博士前期課程修了。1997年大阪大学人間科学部助手、同大型教育研究プロジェクト支援室・未来戦略機構・経営企画オフィス准教授を経て、2018年より大阪大学大学院人間科学研究科准教授。博士(人間科学)。2010年より市立岸和田市民病院指導健康心理士。専門は、健康・医療心理学、行動医学、サイコオンコロジー、行動経済学。2007年日本サイコオンコロジー学会奨励賞、2013年日本健康心理学会実践活動奨励賞を受賞。

実践　医療現場の行動経済学
すれ違いの解消法

2022年5月5日発行

編著者——大竹文雄／平井　啓
発行者——駒橋憲一
発行所——東洋経済新報社
〒103-8345　東京都中央区日本橋本石町 1-2-1
電話＝東洋経済コールセンター　03(6386)1040
https://toyokeizai.net/

ＤＴＰ…………アイランドコレクション
装　丁…………橋爪朋世
印刷・製本……丸井工文社
編集担当………矢作知子
Printed in Japan　　ISBN 978-4-492-31543-9